KB017581

내가 스스로 디자인하는 보험 DIY MONEY

보험, 덮어 놓고 가입하면 거지꼴을 못 면한다

보험
덮어놓고 가입하면
거지꼴을 못면한다

이경제 · 이경락

내가스로디자인하는보험
Diymoney

http://diymoney.blog.me

많은 분의 관심으로 1쇄가 완판되었습니다.
응원해주시고 따라주신 모든 분들에게 감사의 말씀을 전합니다.

프롤로그

영화나 드라마, 토크쇼 등 수많은 매체에서 등장하는 보험설계사의 이미지는 긍정적인 경우가 거의 없다. 전문적인 이미지로 나오는 경우는 더더욱 없다. 설계사들의 대사는 보통 이런 식이다.

"야 오랜만이다. 나 보험회사 들어갔는데 보험 하나 들어줘."

"나 보험 많이 들었어. 넌 오랜만에 전화해서 보험 얘기냐."

"아 치사하게, 친구 좋다는 게 뭐냐. 술 한 잔 살게."

"보험 많은데… 그래 인심 썼다. 싼 걸로 하나 갖고 와. 선물도 줄 거지? 좋은 거 가져와라."

실제 이런 식의 얘기가 나온 영화나 드라마를 대라면 지금이라도 두세 개는 금방 댈 수 있을 정도다. 그런 걸 보고 있으면 짜증이 난다. 누굴 거지로 아나. 하지만 작가의 잘못도 감독이나 배우의 잘못도 아니다. 보험업계의 분위기가 그렇고 회사가 그렇고 내가 그렇다. 보험업계의 잘못이고 회사의 잘못이고 나의 잘못이다. 누구를 탓하랴.

우리나라 사람치고 보험에 좋은 감정을 가진 사람은 거의 없다. 뭔가 못 미덥고, 그래서 보험에 가입해도 뭔지 잘 모르고 속는 기분이다. 이 책을 읽는 사람 중에 자기 보험을 제대로 알아보고 또 제대로 컨설팅받아서 가입한 사람이 몇이나 될까. 내가 만난 고객의 90% 이상이 뭐가 뭔지도 모르고 보험에 가입했다. 그냥 대학 동기, 엄마 친구, 전 직장동료, 동네아줌마가 보험회사 들어가면 친분상 가입한다. 그렇다 보니 뭘 가입했는지도 모르고 설계사 말보다는 부모 말이나 친구 말을 더 신뢰한다. 설계 받아온 것을 그대로 믿지 못하고 지인들에게 다시 물어본다. "이거 네가 보기에 어때? 괜찮은 거야?" 이럴 거면 설계사가 뭔 필요가 있는지….

실제 미국에 가보진 못했지만 들은 얘기로는 보험설계사, 재무설계사가 흔히 얘기하는 '사'자 직업에 포함된다고 한다. 의사, 판사,

변호사, 검사, 보험설계사, 재무설계사… 우리나라 사람들이 들으면 코웃음 칠 얘기다. 우리나라에서는 '사' 자는커녕 일반 직장인보다도 천대받는다. 설계사들조차 자신 있게 자기 직업을 말하기 꺼린다.

보험의 역사는 1920년대로 거슬러 올라간다. 옛 문헌에 보면 1800년대 후반에 시작되었다고 하지만 현대의 보험과 비슷한 형태는 1920년대부터 시작이다. 역사를 얘기하고 싶은 게 아니다. 거의 백 년 역사를 가진 보험이 아직 이 정도라니 기가 차서 한번 역사 얘기를 꺼내봤다.

그때 이런 식의 영업을 했다면 그건 이해가 간다. 하지만 지금은 좀 아니지 않나.

10년이면 강산도 변한다. 요즘은 하도 빨라서 5년이면 모든 트렌드가 바뀐다는데, 최근에는 5년도 길다. 5년 전 유행한 폰을 검색해보니 '갤럭시 2'가 뜬다. 그 당시만 해도 최신형 휴대폰이라고 다들 난리였는데 지금은 유물이다. 요즘은 거의 6개월에 한 번씩 스마

트폰이 새로 출시된다. 이렇게 세상은 스마트하고 스피디하게 바뀌어 가는데 보험업계는 왜 90년이 지나도록 발전이 없는 걸까. 당연히 상품이나 보험회사는 진화했겠지만, 영업행태나 보험에 대한 지식수준, 이미지는 90년 전과 별반 다를 게 없다.

물론 모든 사람이 저런 식으로 영업하는 것은 아니다. 예전과 비교하면 많이 전문화되고 정직해졌지만 그래도 아직은 많이 부족한 것이 사실이다. '전문화됐다, 정직해졌다'는 우리끼리 하는 얘기지 고객들은 쉽게 인정하지 않는다. 보험업계가 이렇게까지 된 것은 한두가지 문제 때문만은 아니다. 말 그대로 '총체적 난국'이라 할 수 있다. 그렇다고 해서 이걸 그냥 이대로 흘러가게 내버려둘 순 없다. 회사는 회사대로 설계사는 설계사대로 문제를 인식하고 바꿔나가야 한다. 이대로 간다면 백 년, 이백 년이 지나도 그대로일 수밖에 없다.

이런 사태에 대해서는 여러 원인이 있겠지만 사실 가장 근본적인 원인은 보험 자체에 있다. 무슨 말인가 하니 전 국민이 만만하게 봤고 아무것도 아니라고 생각했던 보험이란 놈이 생각했던 것보다 너무 어려웠던 거다. 예상외다. 나도 처음에 입사했을 때는 보험이란 놈을 쉽게 보고 그냥 건너뛰려고 했다. 하지만 그렇게 쉽게 볼 상대가 아니었다. 입사 전 AFPK, IFP, 증권투자상담사 같은 자격증을 따고 왔기 때문에 보험보다는 펀드, 적금, 연금 같은 재무 관련 상품에 매달리려고 했다. 근데 막상 이들을 접하고 보니 보험이 만만치 않았다. 오히려 다른 상품들보다 더 어려웠다. OMG.

대학생들이 취업할 때, 이른바 금융권인 증권사나 은행은 꽤 높은 스펙을 요구한다. 어설프게 공부해서는 들어가기 힘든 게 금융권이다. 하지만 보험설계사는 어떤가? 스펙은커녕 운전면허 필기 합격할 정도의 노력만 있으면 다 입사할 수 있다. 그러나 막상 입사하게 되면 증권사나 은행의 상품 같은, 아니 그것보다 더 어려울 수도 있는 상품을 컨설팅하고 판매해야 하는데 그게 가능하냐는 말이다. 가끔 지하철에서 설계사 모집하는 광고를 보면 의지만 있으면 누구든 할 수 있다고 하는데 그 광고에 대해서는 전적으로 반대다. 물론

스펙이 좋다고, 아는 게 많다고 잘하는 건 아니다. 중요한 건 입사하기 전이든 입사하고 나서든 굉장한 노력이 필요하다는 얘기다.

그 문제 많은 보험을 만드는 보험회사도 문제는 있다. 아무래도 보험회사가 실적 위주의 회사다 보니 강압적인 판매가 공공연하게 이뤄지고 있다. 그렇다 보니 크게 필요하지 않아도 억지로 가입하거나 가입시켜야 하는 일이 생긴다. 수당구조도 문제에 한몫한다. 대부분의 회사가 수당을 줄 때 등급에 따라 차등적으로 수당을 주기 때문에 어떤 때는 한 건 차이로 작게는 수십만 원에서 크게는 수백만 원까지 왔다 갔다 한다. 이삼만 원짜리 한 건만 더하면 등급이 한 단계 올라가서 한 달 치 월급이 더 생기는데 누가 안 하겠는가. 남이 가입 안 해주면 내 거라도 한 건 해서 몇백 챙기고 나중에 해지하면 그만이다.

TV에서 유럽의 보험시장을 소개해주는 프로그램을 본 적이 있다. 정확히 어떤 나라인지는 기억나지 않지만, 그 나라는 설계사가 판매

수당을 받는 것이 아니라 상담비를 받는다. 그 설계사는 상품을 팔고 안 팔고는 문제가 아니다. 얼마나 상담을 잘 해주냐에 따라서 돈을 많이 벌고 못 벌고 결정된다. 우리나라는 상품을 팔아야 돈을 벌기 때문에 아무리 잘 상담해도 가입을 못 시키면 땡이다. 그렇게 해서는 한 푼도 못 벌기 때문에 어쩔 수 없이 판매 위주의 영업을 할 수밖에 없다. 말이 좋아 컨설팅이지 지금의 수당 구조에서 제대로 된 컨설팅은 굉장한 내적 갈등을 유발한다. 권유하는 상품도 우리나라의 보험시장 구조에서는 한정적일 수밖에 없다. 상담비를 받는 설계사라면 회사를 막론하고 고객에게 가장 유리한 상품을 권하겠지만, 판매수당을 받는 설계사는 내가 팔 수 있는 상품 안에서 컨설팅해줄 수밖에 없다. 어떤 설계사가 실컷 상담하고 남의 회사 상품을 권하겠는가. GA 보험대리점(여러 회사를 취급하는 보험대리점)이 최근 각광을 받는 것도 이런 이유에서다.

고객이 볼 때 가장 문제는 설계사일 것이다. 설계사는 그들 나름대로 억울하겠지만 어쨌든 고객과 일선에서 만나는 것이 설계사이기 때문에 가장 정신 차려야 하는 사람이 설계사인 것이다. 고객의 기대에 부합하는 제대로 된 설계사, 욕 안 먹는 설계사가 되려면 삼 박자가 잘 맞아야 하는데 양심, 실력, 의지가 그 세 가지이다(이건 전적으로 내 개인적인 기준이다).

아무리 똑똑하고 열심히 해도 양심이 틀려먹었으면 그건 최악이다. 양심이 없다면 실력과 의지는 오히려 고객에게 치명적인 독이 된다. 요즘도 보험회사의 판매왕들이 사기죄로 구속되는 뉴스를 심심찮게 볼 수 있다. 그 판매왕은 고객에게 치명적인 독이고 보험업계에 치명적인 독이다.

실력은 선천적(입사 전), 후천적(입사 후)으로 갈고 닦아야 한다. 생각도 트여 있어야 한다. 자격증이 많다고 실력이 좋은 건 아니다. 항상 배우려는 자세로 매일매일 공부해야 한다. 보험이라는 것이 종류도 많고 워낙 자주 바뀌기 때문에 매일 연구하고 교육받지 않으면 제대로 알 수 없다. 유명한 은행 PB나 재무설계사들이 보험을 제대로 알겠는가. 전혀 그렇지 않다. 그들은 그저 큰 틀만 제시해줄 뿐이다. 실제 고객에게 맞는 세부적인 컨설팅은 설계사가 훨씬 많이 알 수밖에 없다. 보험업계의 큰 틀에 대한 이해와 세부 상품에 대한 상세 지식이 공존해야 한다.

의지도 중요하다. 양심이 있고 실력도 있지만, 열심히 하려는 의지(업계에서는 이것을 흔히 mental이라고 한다.)가 없으면 고객에게 아무런 도움도 줄 수가 없다.

입사한 지 만 6년이 됐다. 처음에는 몰랐지만 1년, 2년 지나면서 보험업계에 대한 크고 작은 문제들이 눈에 보이기 시작했다. 이 문제에 대해서 조금이나마 도움이 되고자 이 책을 쓰게 됐다. 사실 이 책에 실린 내용은 블로그에서 먼저 시작됐다. 블로그를 운영하면서 많은 고객을 상담했고 감사하게도 많은 고객이 좋게 봐주셨다. 내가 설명하는 내용은 그렇게 특별한 게 아니었다. 보험에 가입했다면 당연히 들었어야 했고 알고 있어야 하는 내용이다. 하지만 그런 것들을 난생처음 듣는다는 고객이 대부분이었다. 상담고객 중에 블로그를 모든 국민이 한 번은 읽어야 한다고 얘기해준 고객도 있었고, 보험이 이런 것이었다면 우리나라 국민은 전부 보험에 새로 가입해야 한다고 말한 고객도 있었다. 그런 반응과 격려, 응원이 이 책을 만드는 계기가 되었다.

시중에 나온 책들은 대부분 두 가지로 분류된다.

첫째는 성공한 설계사들이 다른 설계사들에게 도움을 주기 위해 자기의 노하우를 쓴 책. 둘째는 재무설계사나 보험업에 종사하는 사람들이 쓴 보험이론에 관한 책. 그 외의 책도 간혹 있지만 큰 비중을 차지하진 않는다. 이 두 가지 책들도 나름대로 쓸모가 있고, 있어야 하는 책이다. 하지만 이 책에는 노하우도 없고 이론적인 내용도 거의 없다. 전문적인 용어나 어려운 말도 최대한 일상적인 언어로 쓰려고 노력했다. 이 책의 목적은 딱 한 가지다. 제대로 된 보험 가입. 고객들이 보험에 가입할 때 꼭 한 번은 읽어보고 가입해야 하는, 실제적인 도움을 주는 책. 그런 용도로 쓰이는 게 나의 바람이다.

전 세계에서 가장 많이 팔린 책이 성경이지만 판매량에 비해 가장 많이 안 읽히는 책도 성경이지 않을까 싶다. 그래서 성경을 우스갯소리로 '후탁성경'이라고도 한다. 평소에는 한 주 내내 먼지가 쌓여 있다가 주일 되면 빼내서 후~~~ 불고 탁! 털고 교회로…. 성경은 '후탁성경'이 되면 안 되지만 이 책은 '후탁보험책'이 되었으면 하는 것이 작은 소망이다. 이 책을 평소에 읽을 필요는 전혀 없다. 하지만 성경처럼 한 집에 한 권씩은 꼭 가지고 있다가 보험에 가입해야 하거나 점검해볼 필요가 있을 때 잽싸게 책장에서 꺼내서 후~~~ 불고 탁!! 털고….

"미꾸라지 한 마리가 온 개울물을 다 흐린다."라는 말이 있다. 하지만 실제로 미꾸라지는 물을 맑게 하는 이로운 생물이라고 한다. 이 책이 정체돼 있고 썩어 있는 개울물을 흔드는 미꾸라지 같은 역할을 했으면 한다. 현재 보험시장의 문제는 한 사람의 문제가 아니다. 그러므로 혼자 발버둥 친다고 해결될 문제 또한 아니다. 미꾸라지 한 마리로는 부족하다. 이 책을 통해 각 처소에서 나와 같은 생각을 가지고 성실하게 일하고 있는 설계사, 보험사, 그리고 고객들이 한 마리의 미꾸라지가 되어서 함께 관심을 가지고 노력했으면 한다.

90년 역사에 걸맞은 나이 값하는 대한민국 보험. 생각만 해도 설렌다.

Contents

5장 고리타분

보험
덮어놓고
가입하면
거지꼴을
못면한다

1장 인식전환

인식(認識) [명사]: 사물을 분별하고 판단하여 앎
전환(轉換) [명사]: 다른 방향이나 상태로 바뀌거나 바꿈

고객, 도박판의 호구?

"호구: 어수룩하여 이용하기 좋은 사람을 비유적으로 이르는 말."

영화와 드라마로 제작된 〈타짜〉를 보신 분들이라면 영화 속의 호구를 기억하실 겁니다.

〈타짜〉 속의 호구는 노름판에서 돈을 뜯기는 사람입니다. 여러분은 호구를 보면서 어떤 생각이 드셨나요? 저는 최근에 〈타짜〉란 영화를 다시 보면서 문득 보험시장의 호구는 고객이 아닐까, 하는 생각이 들었습니다.

이 글을 읽고 계신 여러분은 자신이 가입한 보험에 대해서 정확하게 이해하고 계신가요? 모르고 가입했다면 보험시장에서 호구 노릇을 톡톡히 하고 있는 겁니다. 노름판에서 호구는 자신이 호구란 사실을 전혀 알지 못합니다. 여러분도 자신이 모르는 사이에 보험시장에서 호구가 되어 있을지도 모를 일입니다. 자신이 호구가 되기 싫다면 스스로 변해야 합니다.

보험회사는 기업의 이익을 최대한 창출할 수 있도록 상품을 만들어 판매합니다. 설계사는 보험회사가 만들어놓은 상품 안에서 판매를 할 수밖에 없으므로 아무리 좋은 상품을 판매하고 싶어도 한계가 있습니다. 설계사는 고객에게 유리하도록 상품을 변경시키거나 만들 수 없다는 얘기입니다. 하지만 고객은 보험회사가 고객에게 좀 더 좋은 상품을 만들 수밖에 없도록 상품 자체를 변경시키는 것이 가능합니다.

A 마을 과일가게 주인이 원가가 천 원인 사과를 만 원에 판매하고 있습니다. 그 마을 사람들은 사과를 먹어본 적이 거의 없기 때문에 사과를 원가의 열 배 가격으로 팔고 있지만 굉장히 잘 팔립니다. 이런 상황이 계속되자 주인은 가격을 떨어뜨릴 필요가 없다고 생각합니다. 오히려 가격을 조금 더 올리거나 최소한 같은 가격으로 장사를 계속합니다.

반대로 대부분의 가구가 사과농사를 짓는 B 마을에서는 원가가 천 원인 사과를 만 원에 내다 놓으니 판매가 전혀 되지 않습니다. 상황이 점점 나빠지자 판매자는 자신의 이익을 줄이고 가격을 낮춰서 이천 원에 사과를 판매하기로 결정합니다. 그제서야 사과가 팔리기 시작합니다.

이 두 상황에서 천 원짜리 사과를 만 원에 팔든, 이천 원에 팔든 그건 과일가게 주인 마음입니다. 고객은 그저 조건을 보고 구매 여부만 결정하면 됩니다. 그 주인에게 왜 사과를 만 원에 파느냐고 따질 필요가 없습니다. 그렇게 얘기할 자격도 없구요. 소비자는 그냥 안 사면 그만입니다.

보험 상품도 마찬가지입니다. 보험사가 어떠한 상품을 판매하든 회사나 설계사는 아무런 문제가 없습니다. 보험회사는 공기업이 아닙니다. 복지단체는 더더욱 아닙니다. 보험회사는 그냥 이익을 창출해내는 기업일 뿐입니다. 만들고 싶은 상품을 만들 권리가 보험사에는 있습니다. 설계사는 만들어진 상품을 그대로 판매할 수밖에 없구요. 그러므로 상품에 대한 선택과 그에 따른 결과는 보험사가 지는 것이 아니라 선택한 사람이 가지고 가는 겁니다.

욕심 많은 과일가게 사장을 바꿀 수 있는 건 현명한 동네 주민들입니다. 어떻게 생긴 사과가 맛있는 사과인지, 지금 계절에는 얼마 정도가 적당한 가격인지 등, 자신이 사 먹을 사과에 대해 조금만 관심을 가진다면 얼마 지나지 않아 그 과일가게는 저렴하고 맛있는 사과로 가득 찰 것입니다. 과일가게가 장사가 잘 되는 건 두말할 것도 없구요.

노름판은 안 가면 그만이고 가지 않으면 속을 일도 없지만, 보험은 가입하지 않고 살 수 없습니다. 보험이란 좋은 제도를 돈 낭비만 하는 쓸모없는 상품으로 만들어버리지 맙시다. 어떤 이는 지금도 보험이란 좋은 제도를 잘 활용해서 많은 도움을 받고 있는데, 나 자신이 문제인 것도 모르고 설계사만, 보험회사만 탓하고 있는 건 아닐까요?

신중히 생각해 볼 문제입니다.
여러분은 고객입니까? 호구입니까?

그개
그그,
느밤느ㅏㅓ
ㄴㄱㄷㄴ어
ㅏㄱ
ㅗㅓ

명품백 외제차 VS 보험

우리는 보험에 가입할 때 상품의 전체적인 가격에 대해서는 크게 신경을 쓰지 않고 단순히 월 납입 금액에 대해서만 생각합니다. 그래서 가끔은 상담을 하면서 고객에게 질문합니다. "지금 가입하고 있는 보험 혹은 가입하려고 하는 보험이 얼마짜리 상품인지 아시나요?" 이렇게 질문을 하면 대부분 고객은 "글쎄요?"라고 대수롭지 않게 얘기합니다.

이 책을 읽고 있는 여러분은 어떠신가요? 지금 가입하고 있는 보험, 혹은 가족들의 전체 보험 상품의 가격 총액이 얼마일까요? 한 번에 딱 떠오르시나요? 대부분은 생각해본 적이 없을 겁니다. 통상 우리가 가입하는 보험은 월 몇만 원~몇십만 원을 10~30년 정도 기간을 지정해서 납부합니다. 예를 들어 '월 10만 원 20년납 보험'이 있다고 가정한다면 시간적 가치는 잠깐 제쳐놓고라도 10만×240회=2,400만 원입니다. 즉 2,400만 원짜리 상품을 20년 할부로 구매하는 것입니다 (물가상승률을 연 3%로 가정 시 약 1,800만 원). 또한 보험 상품 중 일부 항목의 경우 납입기간과 상관없이 평생 납입을 해야 하는 부분도 있기 때문에 한 고객이 보험에 가입했을 때는 적어도 3,000만 원~5,000만 원 정도의 상품을 구매한다고 보면 됩니다. 4식구 기준으로 계산을 해보면 1억~2억 정도가 되겠죠. 서랍 속에 가족들의 보험증권이 4개가 있다면 2억짜리 상품증서를 서랍 속에 넣어두고 있다는 얘기입니다.

어떤가요? 살아가면서 집을 제외하고 보험보다 비싼 상품을 구입하는 경우가 있을까요? 하지만 우리는 보험을 구매할 때 이런 부분을 전혀 인식하지 못하고 있습니다. 아파트를 계약할 때 "그냥 다 비슷하니까 아무거나 좋은 집으로 한 채 주세요."라고 하는 사람은 아무도 없을 겁니다. 그런데 보험은 어떻게 가입하고 있습니까? 다른 고가의 상품을 구매하는 것과는 다르게 너무 쉽게 구매를 하고 있지는 않나요? 꼭 생각해 볼 필요가 있는 부분입니다. 억 단위가 넘는 상품을 계약하는데 봐도 모르니까 그냥 설계사에 의존해서, 지인이 설계사이니 알아서 잘해줄 거라 믿고 가입한다는 것은 정말 위험한 생각입니다.

남자 분들의 경우 만약 1억 원짜리 외제 차를 구매한다면 차에 대한 자세한 내용도 모르고 구매하실 건가요? 자동차 딜러의 말만 듣고 계약을 하실 건가요? 지인이 자동차 딜러이니 그냥 믿고 구매하실 건가요? 모르긴 몰라도 이렇게 자동차를 구매하실 분은 한 명도 없을 겁니다. 몇 날 며칠을 아니 몇 달이라도 자동차에 대한 부분을 알아보고 공부해서 완벽하게 이해가 되었을 때, 거의 자동차 딜러 수준의 지식을 쌓은 상태에서 구매를 하실 겁니다.

여자 분들도 마찬가지입니다. 3천만 원 정도 되는 명품 백을 구매하려고 합니다.

그냥 매장 가서 바로 구매하시나요? 아닐 겁니다. 여기저기 둘러보고 인터넷도 찾아보면서 여러 정보를 습득한 다음 나에게 가장 잘 어울리고 멋있는 상품을 구매하려고 할 겁니다.

그럼 다시 돌아와서, 보험 가입할 때의 모습을 그려봅시다. 나의, 그리고 우리 가족의 인생설계가 들어있는 초고가의 상품입니다. 핸드폰 하나 구매하는 것보다, 천만 원짜리 중고자동차 하나 사는 것보다 쉽게 생각하고 구매를 결정하는 것이 안타까울 뿐입니다. 정신 차리시기 바랍니다.

제가 외제 차나, 명품 백에 비유해서 설명드렸지만 이런 물건들과 비교조차 할 수 없는 것이 보험입니다. 물건이야 잘못 산다고 해서 큰일 날 거 없습니다. 조금만 손해 보고 다시 구매하거나 그냥 쓰면 그만입니다. 하지만 보험은 잘못 가입하면 자신의 인생 설계가 꼬여버립니다. 단순하게 금전적인 문제가 아닙니다. 그러므로 고객이 보험을 준비하는 데 있어서 가장 필요한 건 관심입니다. 관심이 없으니 어렵게 생각되고, 귀찮게 생각될 뿐입니다. 보험은 그 누구의 문제도 아닌 자신의 인생, 그리고 가족을 위한 준비입니다.

**은행 수수료 한 푼도 아깝다고
여기저기 돌아다니는 것이 우리의 모습입니다.
보험도 제발 관심을 가지고 가입합시다.**

명품백
외제차 vs 보험

03

보험은 맞춤옷을
구매하는 것처럼

"○○화재 실비보험 30세 남 기준 35,000원. 저렴한 보험료로 준비하세요."

"3명 중 1명이 걸린다는 암. ○○생명에서 30세 여 기준 월 20,000원으로 암보험 준비하세요.'

TV 광고나 홈쇼핑을 보면 판매자가 임의로 상품을 설계한 뒤 '○○암보험' '○○실비보험' 등의 이름을 붙여 설계한 상품에 대한 보장내용을 간단히 설명하고, 고객에게 판매를 합니다. 이런 광고들 때문인지 보험을 암보험, 실비보험, 종신보험 등 몇 가지 상품으로 분류한 뒤 가전제품이나 자동차처럼 완제품으로 만들어져 나온다고 생각하는 분들이 생각보다 많습니다.

결론부터 말씀드리면 보험은 전혀 그런 상품이 아닙니다. 가전제품이나 자동차처럼 만들어진 상품을 구매하는 것이 아니라 하얀 백지에 내가 그리고 싶은 그림을 그리듯 아무것도 없는 상태에서 내가 필요한 구성을 넣고 설계해서 가입하는 것이 보험입니다.

하지만 대부분의 사람들은 보험을 자신이 직접 만들어 가입하지 않고 판매자가 임의로 만들어준 상품을 그대로 가입합니다. 홈쇼핑, TV 광고를 통한 가입은 물론이고 설계사를 통한 가입도 크게 다르지 않습니다. 무슨 얘기인지 잘 이해가 되지 않는다면 가장 흔한 가입경로인 설계사를 통한 가입을 예로 들어 살펴보겠습니다.

고객들이 설계사를 통해서 보험 상담을 할 때 대부분 설계사는 고객을 만나기 이전부터 미리 몇 가지 설계안을 뽑아 와서 상담을 진행합니다. 즉, 고객을 만나기 이전에 설계사 취향대로 미리 보험을 만들어 온다는 것입니다. 이렇다 보니 처음부터 고객이 설계에 개입하지 못한 채 의미 없는 상담을 진행하게 됩니다. 많은 분이 설계안을 미리 받고 상담하기 때문에 제가 이 방법이 잘못되었다고 얘기를 하면 대부분이 의아하게 생각하실 겁니다. 하지만 분명하게 얘기할 수 있는 것은 이런 상담방법으로는 절대 제대로 된 보험 가입을 할 수 없다는 것입니다. 보험은 설계할 때 고객 없이 판매자 임의로 설계할 수 없습니다. 보험은 고객의 인생을 설계하는 것이기 때문에 고객의 상황, 생각, 계획을 모두 적용해서 완성해야 합니다.

명심해야 할 얘기입니다. 설계는 고객이 직접 참여해야 합니다. 설계사는 보험을 설계하고 가입할 수 있도록 도와주는 보조 역할만 할 뿐입니다. 자신이 원하는 대로 설계를 할 수 있음에도 미리 누군가가 만들어놓은 설계에 가입해야 할 이유가 있을까요? 고객의 상황을 알지도 못하는 판매자가 마음대로 설계한 보험이 무슨 의미가 있을까요?

보험은 맞춤옷을 구매하는 것처럼 가입해야 합니다. 더 이상 지금처럼 미리 만들어진 옷에 내 몸을 억지로 끼워 맞춰 넣는 식의 가입은 하지 마시기 바랍니다.

자칫하다간 옷이 터질 수도 있습니다.

노파심에!!

흔히들 설계는 설계사의 스타일에 따라 달라진다고 얘기합니다. 이건 잘못된 얘기입니다. 설계사가 고객과 함께 설계를 하지 않고 그저 설계사 마음대로 설계를 하기 때문에 이런 얘기가 나오는 겁니다. 설계는 설계사의 스타일에 따라서 달라지는 것이 아니라 고객의 생각, 상황, 계획에 따라서 달라지는 것입니다. 설계사와 함께 자신에게 꼭 맞는 설계를 해서 가입하는 것이 보험입니다.

봄은
맞춤옷을
구매하는
것처럼

보험견적 비교?
말이 되는 소리를 해라

태아보험 견적 받았는데 조언부탁드립니다~	1
28세 여 보험견적 좀 봐주세요	3
24세 남자 실비보험 리모델링에서 좀더 쉽게 풀어서 설명좀 부탁드릴께요	4
57세 여성분 보험가입 내역 평가좀 부탁드립니다	3

보험 커뮤니티의 질문 내용을 그대로 가져와 봤습니다.

위 그림처럼 견적을 봐 달라, 가입내용을 평가해 달라는 식의 질문이 대부분입니다.

그런데 이런 질문은 정확한 답변을 할 수 없습니다. 기준도 없고 고객이 원하는 게 뭔지도 모르는데 어떻게 평가를 할까요?

좀 더 자세한 설명을 위해서 질문 내용 중 하나를 자세히 살펴보겠습니다.

● 담보사항

담보명	보장내용	가입금액 (만원)	보험료 (원)
기본계약(일반상해후유장해) 20년납 100세만기	일반상해로 후유장해 발생시 지급	15,000	6,450
일반상해사망 20년납 100세만기	일반상해로 사망한 경우 지급	15,000	9,000
질병사망 20년납 20년만기	질병사망시 지급	10,000	6,700
암진단비 20년납 100세만기	암보장개시일이후 암으로 진단시 최초 1회한 가입금액 지급 (1년미만 50% 지급) - 보장개시일이후 제자리암, 기타피부암, 경계성종양 또는 갑상선암 진단시 각각 최초 1회한 가입금액의 10% 지급 (1년미만 5% 지급)	3,000	28,920
암수술비(I) 20년납 100세만기	암보장개시일이후 암 또는 보장개시일이후 제자리암, 기타피부암, 경계성종양 또는 갑상선암으로 수술시 (항암방사선, 항암약물 치료 제외) 수술1회당 가입금액의 20% 지급(1년미만 10% 지급)	200	538
암수술비(II) 20년납 100세만기	암보장개시일이후 암으로 수술시 (항암방사선, 항암약물 치료 제외) 최초 1회한 가입금액의 80%지급(1년미만40%지급)	200	1,466
암직접치료입원일당 20년납 100세만기	암보장개시일 이후 암으로 진단확정되거나 보장개시일 이후 제자리암, 기타피부암, 경계성 종양 또는 갑상선암으로 진단확정되어 그 질병의 직접적인 치료를 목적으로 4일이상 계속 입원하여 치료를 받은 경우 4일째 입원일로부터 3일초과 입원1일당 지급 (제자리암, 기타피부암, 경계성종양 또는 갑상선암은 20%(1회 입원당 120일 한도)	10	3,850
뇌졸중진단비 20년납 100세만기	뇌졸중으로 진단확정시 최초 1회한 지급	3,000	15,660
급성심근경색증진단비 20년납 100세만기	급성심근경색증으로 진단확정시 최초 1회한 지급	3,000	6,420
말기폐질환진단비 20년납 80세만기	말기폐질환으로 진단확정시 최초 1회한 지급	1,000	3,780
말기간경화진단비 20년납 80세만기	말기간경화로 진단확정시 최초 1회한 지급	1,000	831
만성당노합병증진단비 20년납 100세만기	만성당노합병증으로 진단확정시 최초 1회한 가입금액 지급	200	314
양성뇌종양진단비 20년납 100세만기	양성뇌종양으로 진단 확정시 가입금액 지급(최초 1회한)	300	48
조혈모세포이식수술비 20년납 80세만기	조혈모세포이식 수술시 최초 1회에 한하여 가입금액 지급	2,000	98

계약사항

설계번호 : 71238005320 1405191

계약자   종/형구분

담보사항

담보명	보장내용	가입금액 (만원)	보험료 (원)
5대장기이식수술비 20년납 80세만기	질병 또는 사고로 인한 장기수혜자로서 병원 또는 의원(한방병원, 한의원포함) 등에서 5대장기이식수술을 받은 경우 최초 1회한 지급	2,000	162
상해수술비 20년납 100세만기	사고로 수술시 가입금액 지급	30	1,254
골절수술비 20년납 100세만기	사고로 골절 수술시 지급	20	214
깁스치료비 20년납 100세만기	상해 또는 질병으로 인하여 깁스(Cast)치료를 받았을 경우 보상	10	250
화상진단비 20년납 100세만기	사고로 화상 진단확정시 지급	20	138
화상수술비 20년납 100세만기	사고로 인한 심재성 2도이상 화상 발생으로 수술을 받은 경우 지급	20	6
상해흉터복원수술비 20년납 100세만기	사고로 추상장해가 발생하여 2년이내 성형수술시 500만원 한도 보상(안면부수술 1CM당 14만원, 상하지 수술 1CM당 7만원 3CM이상시 보상)	500	121
중대한특정상해수술비 20년납 80세만기	사고로 뇌손상 또는 내장손상을 입고 사고일로부터 180일이내에 개흉수술, 개복수술, 개두수술을 받은 경우 지급	500	460
중증화상및부식진단비 20년납 80세만기	사고로 중증화상 및 부식으로 진단시 최초 1회한 지급	3,000	180
7대질병수술비 20년납 100세만기	7대질병으로 진단 확정되고 수술을 받은 경우 지급	150	813

"28세 여, 기존 보험에서 실비만 유지하고 새로운 보험견적을 받았으니 평가해 주세요."

이 질문에는 뭐라고 답변해야 할까요? 무난하다고 해야 하나요? 뭔가 부족하다고 해야 하나요? 만약 이 설계가 무난하다면 실비를 가지고 있는 우리나라 28세 모든 여성분이 이렇게만 가입하면 될까요? 만약 이 설계가 부족하다면 우리나라의 모든 28세 여성분들이 이렇게 가입하면 부족한 걸까요?

보통 보험 커뮤니티에 이런 글을 올리면 뭐가 부족하다, 무난하다, 과하다 등 고객의 상황을 전혀 고려하지 않고 설계사 자신의 생각만 얘기를 합니다. 보험을 설계할 때 많이 가입하는 형태가 있기 때문에 설계사들이 이런 얘기를 하는 것도 무리는 아니지만 사실 보험은 '무난하다, 적당하다' 이런 표현 자체가 맞지 않습니다. 부족하다, 무난하다는 표현은 어떤 기준이 있고 난 뒤에 쓸 수 있는 표현입니다.

예를 들어, "몸무게가 65kg이면 적당한가요?"라는 질문을 누가 했다면 그 질문에 대해 '무난하다, 부족하다'고 답변하는 게 가능할까요? 개인적인 생각에 따라 답변이 가능할 수도 있지만 정확한 답변은 사실 불가능합니다. 제대로 된 답변을 하려면 질문한 사람의 성별이나 나이, 키 등 신체적 상황을 알아야 합니다. 보험도 마찬가지입니다. 밑도 끝도 없이 "이 보험 설계 어때요?"라는 식의 질문은 답변이 불가능한 질문입니다. 이렇게 질문해봐야 설계사마다 말하는 부분이 조금씩 다르기 때문에 헷갈리기만 할 뿐 도움될 게 하나도 없습니다. 더 이상 이런 식의 질문은 하지 마시기 바랍니다. 이렇게 질문하면 일부 악덕한 설계사들의 먹잇감이 될 뿐입니다.

제가 마지막으로 질문 하나 드리겠습니다.

제 몸무게가 70kg인데 어떻게, 무난한가요?
참고로 저는 열심히 다이어트 중입니다.

보험 견적 비교
딸이 되는
노리를 해라

05

다이렉트 홈쇼핑
텔레마케팅 TV광고 참 많다

요즘 홈쇼핑이나 TV 광고를 통한 보험판매가 굉장히 많아지고 있습니다. TV를 통해 보험을 판매할 때는 짧게는 10~20분, 길어봐야 1~2시간 정도 방송을 합니다. 그리고 생각보다 많은 사람이 방송을 보고 보험에 가입합니다. 정말 이렇게 TV만 보고 보험에 가입해도 문제가 없을까요?

방송에서 보험을 판매할 때는 방송사에서 미리 준비한 내용만을 가지고 설명하고 판매합니다. 상황이 이렇다 보니 당연히 방송에서는 상품에 대한 정확한 내용을 알 수가 없습니다. 평소에 해당 상품에 대한 필요성을 느끼지 않았다가도 방송을 보다 충동적으로 가입하는 경우도 많이 있습니다.

방송으로 보험을 판매하면 매체의 특성상 괜히 믿음이 가고 다른 경로를 통해 가입하는 것에 비해 혜택도 더 많아 보입니다. 하지만 실제로 보험은 똑같은 상품, 똑같은 보장 내용이라면 어디서 누구에게 가입하든 거의 비슷합니다. 만약 홈쇼핑이나 TV 광고에 나오는 상품이 정말 좋다고 생각된다면 해당 상품에 관한 내용을 설계사와 충분히 의논한 다음 가입을 결정하셔도 늦지 않습니다. 마감 시간 몇 분 남지 않았다, 오늘만 이 혜택으로 가입할 수 있다는 말에 가슴 졸이지 않으셔도 됩니다.

전화를 통한 가입도 상당히 많습니다. 일상생활 중에 TM 영업사원에게 전화를 받고 끈질긴 설득 끝에 보험에 가입하게 되는 경우입니다. 개인적으로는 잘 이해가 안 되는 가입방법 중 하나입니다. 이 방법도 위에 말씀드린 내용과 크게 다르지 않습니다. 보는 것과 듣는 것의 차이일 뿐입니다. 보험은 짧은 시간에 가입할 수 있을 만큼 쉽고 가벼운 상품이 아닙니다.

　마지막으로 다이렉트 보험을 이용해 혼자 당당하게 설계해서 가입하는 경우입니다. 다이렉트로 가입하는 가장 큰 이유는 설계사를 믿지 못하거나 보험료가 저렴하지 않을까 해서입니다. 그런데 보험은 전문지식 없이 일반인 혼자 설계해서 가입할 수 있는 상품이 아닙니다. 다이렉트로 한다고 해서 무조건 저렴한 것도 아니구요. 다이렉트로 가입하면 수십 년 동안의 보험관리도 스스로 해야 합니다. 몇 푼 아끼려다 더 큰 낭패를 볼 수도 있습니다.

괜히 힘 빼지 말고
믿을만한 전문가의 도움을 받으시기 바랍니다.

다이렉트
홈쇼핑!
텔레마케팅!
TV광고
참많고
펴냐

해지해? 말어?

뜨거운 태양과 시원한 바다가 나를 부르는 7월.

가족은 휴가기간을 정해 다 함께 여름휴가를 가려고 합니다. 가족회의 결과 목적지는 부산으로 정해졌고 세부계획을 세우는 동안 가족 중 한 명은 기차표를 예매합니다. 성공적으로 모든 준비를 마치고 드디어 여행 당일, 역으로 가 기차를 타려고 티켓을 확인해보니 당황스럽게도 목적지는 부산이 아니라 포항이었습니다. 기차표를 예매하면서 너무 서두른 나머지 실수를 한 것입니다. 기차표를 취소하고 다시 예매하면 수수료가 붙어서 손해를 보게 됩니다.

이런 상황에서 여러분은 어떻게 하실 건가요?

손해를 보더라도 수수료를 지불하고 다시 부산행 기차표를 구입하실 건가요? 아니면 손해 보는 게 아까워 그냥 목적지를 포항으로 바꾸실 건가요? 당연한 얘기지만 수수료를 물더라도 기차가 떠나기 전에 얼른 예매를 취소하고 부산행 표를 끊어 휴가를 떠나야 합니다.

보험도 마찬가지입니다. 나에게 맞지 않는 보험에 가입했을 때 어떻게 해야 할까요? 사실 대부분의 사람이 머리로는 다시 가입해야 한다는 걸 알고 있지만 당장 금전적 손해 때문에 목적지를 바꾸지 않는 경우가 생각보다 많습니다.

그런 분들에게 저는 눈앞의 금전적인 손해보다는 멀리 있는 목표를 바라보라고 얘기하고 싶습니다. 나의 상황에 맞는지, 아닌지를 확실하게 파악한 다음 나에게 맞지 않는 보험이라는 판단이 서면 과감히 정리하고 나에게 맞는 보험으로 다시 가입하셔야 합니다. 물론 아깝다는 생각이 들겠지만, 당장의 금전적 손해를 생각하며 망설이다 영영 기차를 못 탈 수도 있습니다.

티켓팅은 실수하면 언제든 목적지를 바꿀 수 있지만, 보험은 내가 원한다고 해서 무조건 바꿔 탈 수 있는 것이 아닙니다. 보험은 그 회사에서 정한 기준에 통과한 사람만이 가입할 수 있습니다. 만약 가입에 제한되는 질병이나 사고가 발생하게 되면 그땐 나의 목적지가 부산이라도 포항으로 가야 합니다. 인생의 목적지가 바뀔 수도 있습니다.

여행 전 티켓 확인은 필수입니다.
여러분의 티켓은 계획한 목적지로 향하고 있습니까?

헤어나? 별이어?

소 잃고 외양간 고치는
전형적인 한국사람

| 보험, 덮어 놓고 가입하면 거지꼴을 못면한다

소 잃고 외양간 고친다는 얘기를 들으면 어떤 생각이 드나요? 그냥 속담으로만 들리나요? 저도 마찬가지지만 나와는 관계없는 얘기라고 생각하는 분들이 대부분일 겁니다. 그런데 보험에서만은 소 잃고 외양간 고치는 사람들을 어렵지 않게 찾아볼 수 있습니다.

보험은 후회해봤자 돌이킬 수 없는, 좀 더 냉정하게 얘기하면 나중이란 건 없는 상품입니다. 사고나 질병은 예고 없이 찾아옵니다. 교통사고, 암, 뇌졸중 이런 단어들이 다른 사람의 얘기로만 들리시나요? 나와는 관계없다고 100% 확신할 수 있는 사람은 아무도 없습니다.

간혹 자신의 건강을 확신하거나, 보험에 대한 부정적인 생각으로 보험가입 자체를 생각하지 않는 경우도 있습니다. 과연 올바른 선택이라 할 수 있을까요? 만약 병에 걸려도 돈이 너무 많아서 돈 걱정 없이 고칠 수 있을 정도의 부자라면 모르겠습니다. 하지만 그렇지 않은 사람들에게는 누가 뭐라고 해도 보험이 필요합니다.

만약 내가 아파서 병원에 누워 있을 때 병원비가 없다면 가족들은 그저 지켜보기만 할까요? 병원비가 없어서 치료를 포기할까요? 나는 포기할지 몰라도 가족들은 할 수 있는 모든 방법을 동원해서라도 돈을 마련하고 병을 고치려고 할 겁니다. 내가 사망 했을 때 어떠한 준비도 되어 있지 않다면 남아 있는 가족들은 어떻게 살아가야 하나요?

보험에 있어서만은 필요한가? 필요하지 않은가? 이런 생각할 필요가 없습니다. 보험은 무조건 필요합니다. '대충 준비해도 되겠지'란 생각도 버려야 합니다. 나에게 맞지 않는 보험은 없는 것과 다를 바 없습니다. 상황이 닥치고 아차 하는 순간 돌이킬 수 없습니다. 시간을 돌릴 수 없는 것처럼 말이죠.

보험은 자신과 가족의 인생을 지켜주는 방패입니다. 늦었다고 생각할 때가 가장 빠르다는 말이 있지만 보험에 있어서는 적용되지 않는 말입니다. 이 방패는 아무 때나 살 수 있는 것이 아닙니다. 아프고 나서는, 억만금을 주고라도 사고 싶지만 파는 데가 없어 살 수 없는 것이 보험입니다. 미리미리 외양간을 확인합시다.

소 잃고 외양간 고쳤다가는 거지꼴 못 면합니다.

소홀하고
외향만 고치는
전형적인
한국사람

08

약은 약사에게
보험은 전문설계사에게

요즘 편의점에서도 비상약을 살 수 있게 되었습니다. 급할 때 병원까지 가지 않아도 되니 편하긴 하지만 편의점에서 약을 살 수 있다는 게 그렇게 좋은 것만은 아닌 것 같습니다. 약에 대한 기본지식조차 없는, 그저 계산만 할 수 있는 판매원이 의약품을 판다는 사실이 개인적으로는 매우 찝찝합니다. 그런데 갑자기 왜 보험에 관련된 얘기를 하다 편의점에서 약을 판매하는 얘기를 하느냐구요?

제목을 다시 한 번 읽어 드리겠습니다.

'약은 약사에게 보험은 전문 설계사에게'

보험 전문 설계사들은 매일 회사에서 신상품에 대한 교육을 받고 기존 상품에 대한 분석을 합니다. 개인적으로는 자기가 취급하는 상품에 대한 지식을 쌓기 위해서 노력합니다. 하지만 홈쇼핑이나 은행창구에서 보험을 판매하는 분들이 매일 보험에 대해 연구하고 분석하는 일이 가능할까요? 이분들은 보험 한 가지만 계속 연구하기는 현실적으로 불가능합니다.

가끔 홈쇼핑에서 화면 아래를 보면 쇼호스트가 손해보험, 생명보험 판매자격을 취득했다고 표시 합니다. 과연 단순히 시험에 합격했다고 보험을 판매할 수 있는 걸까요? 사실 보험 판매자격 시험은 거짓말 조금 보태면 운전면허 필기시험과 비슷한 수준입니다. 운전면허 필기시험 합격하고 운전할 수 있나요?

또 한 가지 생각해볼 점은 홈쇼핑이나 은행은 판매가 전부라는 사실입니다. 관리나 보상 문제는 대부분 고객이 직접 해야 합니다.

가전제품 구매할 때를 생각해 봅시다.

많은 분들이 A/S 문제 때문에 비싸더라도 중소기업 제품보다는 대기업 제품을 선호합니다. 그런데 왜 보험은 같은 금액의 상품을 사후 관리도 안 되고 전문적인 지식도 없는 은행창구나 홈쇼핑에서 가입하려고 하는 걸까요? 물론 이렇게 얘기하면 자신이 가입한 보험의 설계사도 별다를 게 없다고 얘기하시는 분들도 계실 겁니다. 하지만 이 부분은 담당 설계사 개인의 문제이지 구조적인 문제가 아닙니다.

홈쇼핑이 더 싼 것도, 더 좋은 것도 아닙니다. 은행이 더 전문적인 것도, 믿을만한 것도 아닙니다.

**더 이상 우리의 인생설계를
아르바이트생에게 맡기지 맙시다.**

하늘
약국
의사에게
보험을
전문설계사
에게

09

보험 어렵다 헷갈린다 복잡하다

상담하면서 제가 가장 많이 듣는 얘기 중 하나는 "보험은 어렵다, 헷갈린다, 봐도 모른다."입니다. 이런 인식 때문에 고객은 무조건적으로 설계사에게 의존하게 되고 지인이 설계사라고 하면 그냥 믿고 맡기는 경우가 대부분입니다.

하지만 보험은 생각하는 것처럼 어렵거나 복잡하지 않습니다. 들어서 이해가 안 되는 이유는 전적으로 이해를 시키지 못한 설계사 잘못입니다. 보험이 어려워서도, 나의 이해력이 부족해서도 아닙니다.

만약 상담을 했을 때 이해가 되지 않는다면 그 설계사와 더 이상 상담을 진행하지 않으면 됩니다. 잘 이해가 되지 않는데도 아는 사람이라고 무조건 가입해줘야 할 필요는 없습니다. 그때는 다른 설계사를 만나야 합니다.

고객은 한 명이고 설계사는 무수히 많습니다. 설명을 듣고 정확하게 이해를 시켜줄 수 있는 설계사를 찾으셔서 가입하시기 바랍니다.

칼자루는 여러분에게 있습니다.

노파심에!!

　대면 상담이 부담스러워서 만나지 않으려고 하는 경우가 종종 있습니다. 기존 보험에 대한 분석이나 신규 가입에 대한 부분은 대면 상담을 하지 않고서는 이해할 수 없는 부분이 너무 많습니다. 모르면 고객만 손해 봅니다. 그리고 설계사를 만난다고 해서 꼭 보험에 가입해야 하는 것도 아닙니다. 필요한 부분이 있으면 설계사를 이용해서 정보를 얻어 가시기 바랍니다.

보면
어렵다
헷갈린다
복잡하다

편식, 배는 부른데

어린아이들은 피자, 햄버거, 탄산음료 같은 자극적인 음식을 좋아합니다. 반대로 채소나 샐러드 같은 음식은 그렇게 좋아하지 않습니다. 하지만 먹기 싫다고 해서 채소나 샐러드를 아예 먹지 않는다면 그 아이는 건강하게 자랄 수 없습니다. 그렇다 보니 엄마와 아이는 음식 때문에 전쟁을 치르기 일쑤입니다. 엄마는 아이의 건강을 위해서 싫어하지만 억지로라도 먹이고 싶은데 아이가 알아주지 못하니 속상할 따름입니다.

보험도 어떻게 보면 엄마와 아이가 음식으로 전쟁을 치르는 상황과 비슷합니다. 고객에게 꼭 필요한 부분을 권유하지만 무조건 싫어하시는 분들이 더러 있습니다. 설계사는 고객의 의사를 고려하지 않고 일방적으로 가입시켜서도 안 되지만 반대로 고객이 하자는 대로 무조건 다 해줘서도 안 됩니다.

고기만 좋아한다고 고기만 먹이면 비만에 걸릴 수밖에 없습니다. 설계사는 고객에게 채소도 먹일 의무가 있습니다. 오이를 먹을 건지 당근을 먹을 건지는 고객이 선택하면 되지만 그것이 필요하다는 것을 알고 얘기해줄 수 있는 사람은 설계사입니다. 이 책이 그런 설계사가 되길 바랍니다.

편식, 이참에 제가 고쳐드리겠습니다.

펼침,
배는부를때

보험
덮어놓고
가입하면
거지꼴을
못면한다

내가스스로디자인하는보험
Diymoney

2장 실제상황 I

실제(實際) [명사]: 사실의 경우나 형편
상황(狀況) [명사]: 일이 되어가는 과정이나 형편

「인식전환」편을 보고 나서 어떤 생각이 드나요? 내 보험이 궁금해지기 시작하셨나요?

지인들에게 대충 가입 당하신(?) 분들은 약간의 짜증이 날 수도 있을 거라 생각합니다. 아무튼, 이 글을 읽으면서 내 보험에 관심이 생기는 것만으로도 절반은 성공입니다. 이번 장에서는 그 관심을 가지고 어떻게 해야 제대로 보험에 가입할 수 있을지를, 우리와 상황이 별반 차이 없는 '이대충'씨와 함께 알아보도록 하겠습니다.

그 전에 준비해야 할 것이 있습니다. 다 같이 내가 가입한 보험 증권을 한번 찾아봅시다. 책장 깊숙한 어딘가에 먼지가 뿌옇게 쌓인 채 방치되어 있을 수도 있고 내 담당 설계사의 책상에 전달되지 않은 채 그대로 있을 수도 있습니다. 이사하면서 잃어버리신 분들도 있겠죠. 도저히 못 찾겠다면 당장 콜센터로 전화해서 메일로 증권 보내달라고 하세요. 십 분이면 받을 수 있습니다. 생각났을 때, 궁금할 때 찾아서 정리해놔야 합니다. 그렇지 않고 조금만 시간 지나면 귀찮아서 또 내버려두기 쉽습니다.

앞 장에서 외제 차보다 비싼 게 보험이라고 했습니다. 여러분은 여러분이 모르는 외제 차를 모두 한 대씩 가지고 있습니다. 얼른 찾아서 어떤 차인지 확인해보도록 합시다.

01

신입사원 이대충

험난한 취업 전선을 뚫고 입사한 지 2년차. 대기업은 아니지만 88 만원 세대라 불리는 요즘 취업한 것만으로도 감사하다는 생각을 가지고 열심히 일하고 있다. 이제 어느 정도 회사에 적응하고 선배들에게 인정도 받는 중이다.

"이대충 씨 커피 한잔 하고 해."

평소 나와 친한 '박꼼꼼' 선배였다. 오늘도 어김없이 야근하고 있는 나에게 먼저 다가와 커피를 건넸다.

"박 선배님 피곤해 죽겠어요. 이놈의 야근, 언제쯤 안 할 수 있으려나. 요즘은 대학 다닐 때가 그립다니까요."

"하하. 그런 소리 하지 마. 요즘 청년 백수들이 얼마나 많은데, 그런 소리 하면 맞아 죽어."

"그래도 이게 어느 정도껏 해야지 퇴근하면 바로 잠들고 일어나면 회사로 출근하고. 완전 일하는 기계 같아요."

"처음엔 다 그런 거야. 컨디션 조절 잘 해가면서 일해. 몸 망가지면 답도 없어."

"네, 안 그래도 집에서 홍삼 보내주셔서 그거 먹어가면서 버티고 있어요."

"그래, 몸 잘 챙기고 얼른 들어가서 일 마무리하자. 집에는 가야지."

"네, 선배님."

이날도 시간이 11시가 다 돼서야 집에 올 수 있었다. 불 꺼진 방은 적막하기 그지없었다. 취업하고 회사와 집이 너무 멀어 부모님으로 부터 독립하고 혼자 사는 중이다. 부랴부랴 씻는 둥 마는 둥 샤워를 하고 자리에 누웠다. 머리가 지끈거렸지만, 너무 피곤했기 때문에 그런 생각을 취할 틈도 없이 금방 잠이 들었다.

시간이 얼마 지났을까 머리가 깨질 듯이 아파 눈을 떴다. 속은 메스꺼웠고 하늘은 빙빙 돌았다. 머리를 만져보니 열도 꽤 나는 것 같았다. 새벽 3시. 가만히 있어서는 도저히 안 될 것 같아 겨우 옷을 챙겨 입고 응급실로 향했다.

새벽이라 그런지 날은 꾱장히 쌀쌀했다. 엄밀히 말하면 쓸쓸했다.
혼자 차를 몰고 병원으로 가자니 괜히 슬퍼졌다. 밤늦게까지 일하는
것도 서러운데 아프기까지 하다니… 엄마 생각이 절로 났다.

20분 정도 차를 몰고 나가서 대학병원에 도착했다. 생전 처음 가보는 응급실이었다. 평소에 병원도 잘 가지 않았기 때문에 응급실은 더 생소했다. 새벽 3시가 넘은 시간이었기 때문에 한적하고 조용할 거라 생각했지만, 예상외로 정신없고 무서웠다. 간혹 비명도 들려왔다. 이 새벽에 이렇게 아픈 사람이 많을 거라고는 생각도 못 했다. 누울 자리가 있을지 걱정이 될 정도로 응급실은 꽉 차 있었다. 걱정되는 마음으로 접수를 했다. 30분 기다리란다, 아파 죽겠는데. 어쩔 수 없이 혼자 끙끙거리며 진료를 기다렸다.

30분이라고 했지만 거의 1시간이 다 돼서야 진료를 받을 수 있었다. 많이 걱정했던 것과는 달리 단순 과로란다. 휴, 다행이다. 큰일이라도 난 줄 알았는데. 야근하면서 피로가 누적됐었나 보다. 링거를 맞으면 괜찮아질 거란 얘기를 듣고 자리에 누웠다. 그리곤 잠이 들었다.

"이대충 씨 링거 다 맞으셨어요. 집에 가셔도 됩니다."

간호사의 목소리에 잠이 깼다. 얼마 동안 잠들었던 걸까? 바깥을 보니 벌써 아침이었다. 정신을 차리고 집으로 갈 준비를 한 다음 원무과로 향했다.

"이대충 씨, 진료비랑 링거 맞으신 거 해서 15만 원입니다."

"네, 여기 있습니다."

태연하게 계산을 했다. 아니 태연한 척 계산을 했다는 표현이 정확할 것이다. 한 3만 원이면 될 줄 알았는데. 차라리 참을 걸 그랬나, 하는 생각이 머리를 맴돌았다.

'15만 원이면 일주일 생활비인데.'

하지만 건강한 게 우선 아닌가라고, 되지도 않는 위로를 스스로 하면서 집으로 돌아왔다.

집에 와서는 회사에 전화해서 월차를 냈다. 아무리 회복됐다고 하지만 바로 일하러 가기엔 체력이 너무 떨어져 있었다. 검사겸사 하루 푹 쉬기로 했다. 오랜만의 휴식이라 그런지 너무 행복했다. 오후가 돼서야 정상 컨디션이 좀 돌아오는 것 같았다.

최근 몇 주 동안 평일과 주말 할 것 없이 출근하다 보니 집이 엉망이었다. 그동안 밀렸던 빨래를 하고 간만에 대청소도 했다. 독립하면서 남자 혼자 사는 집 티 절대 내지 않겠다고 다짐했었는데… 지금은 뭐 남자 혼자 사는 집이 아니라 그냥 폐허 수준이다. 청소하고 빨래하다 보니 하루는 금방 지나갔다.

'자고 일어나면 또 출근이구나.' 월요병이 평일에도 도질 줄이야.

다음날 평소와 같이 회사로 출근했다.

"어이 ~ 젊은 사람이 얼마나 아팠길래 연차까지 냈어?"

박꼼꼼 선배가 출근하자마자 커피를 건네며 한소리 한다.

"아~ 모르겠어요. 저도 건강에는 자신 있었는데…."

"내가 뭐라 그랬어? 몸 챙겨가면서 일하라고 했잖아. 몸 버리면 다
끝이야."

"네. 그래야겠어요. 그런데 선배님, 응급실 가보신 적 있으세요?"

"응. 나야 애들 때문에 몇 번 간 적 있지. 왜?"

"아~ 저는 응급실을 처음 가봤는데 새벽에 아픈 사람들이 굉장히
많더라구요. 의외였어요."

"응. 우리가 몰라서 그렇지 응급실은 항상 바글바글하더라."

"진짜 사람 일은 어떻게 될지 모른다는 걸 응급실에서 느꼈어요."

"맞아. 내일 일을 누가 장담하겠어… 하루하루 열심히 살아야지."

"맞아요. 선배님 앞으로 일주일 동안 저 점심 좀 사주시면 안 돼요?"

"엥? 갑자기 웬 점심 타령이야?"

"농담이에요. 사실 응급실 병원비가 생각보다 많이 나와서요. 생활비를 확 줄여야겠어요. 도시락 싸서 다닐까 봐요."

"얼마 나왔는데?"

"15만 원이요."

"응급실이 원래 그렇지. 근데 뭘 걱정이야. 보험처리 하면 되잖아?"

"예? 보험이요? 저는 그런 거 없어요."

"어허! 이제까지 보험 하나 없었단 말이야?"

"네. 저야 뭐 병원 갈 일도 잘 없고 특별히 보험에 대해서 생각해본 적이 없어서요. 돈만 아깝잖아요. 어차피 젊을 때 잘 아프지도 않은데."

"이 사람이 응급실 가보고도 그런 소리가 나오나? 사람 일이란 게 어떻게 될지 장담할 수가 없는 건데 최소한 준비는 해야 하지 않겠어?"

"그거야 그런데… 아직은 필요하다는 생각을 한 번도 해본 적이 없어요."

"지금이야 응급실 한 번이라 15만 원이지만 나중에 제대로 아프면 어떡하려고."

"에이, 저 겨우 30대 초반이에요. 그럴 리가 있겠어요? 차라리 적금을 들죠."

"지금 15만 원 가지고도 도시락을 싸니 마니 하면서 나중에 병원비로 큰돈 들어가면 어쩌려고 그래."

"아, 그렇긴 하죠. 이제껏 보험에 대해서 진지하게 생각해본 적이 없어요. 필요하다고 느낀 적도 없구요."

"나도 처음에 그랬어. 입사하고 처음으로 돈을 벌기 시작하는데 보험에 돈을 쓴다는 게 아깝긴 했지. 근데 지나고 나서 보니까 미리 준비했으면 좋았을 걸 하는 생각이 들더라고."

"그런가요? 저는 아직도 잘 모르겠어요."

"그래도 오늘 같은 일이 또 생기지 말라는 법 없으니까, 돈 많이 들이지 말고 부담 안 가는 선에서 최소한은 준비해봐."

"음. 이번에 아파 보니 최소한으로 준비해두는 것도 나쁘지는 않을 것 같네요."

"그래. 내가 잘 아는 사람 소개해줄 테니까 한 번 만나봐. 자네한테 전화하라고 할게."

"헉, 이렇게 갑자기요?"

"맘먹었을 때 해야지, 안 그럼 또 못해."

"네. 그럼 선배님이 소개해주는 거니까 믿고 해볼게요."

"그래."

한참 얘기를 끝내고 책상에 앉았다. 하루 쉬고 왔을 뿐인데 일은 산
더미처럼 쌓여 있었다.
오늘도 야근은 피할 수 없는 상황이었다. 한숨을 크게 쉬고 일에 집중
했다.

'아, 나의 청춘이여.'

한 번이라도 병원에 입원해본 적이 있는 사람은 보험의 필요성에 대해서 어느 정도 인식하고 있을 것입니다. 하지만 병원 근처에도 가본 적 없는 젊은 사람들은 보험보다는 차라리 그 돈으로 적금을 드는 게 낫다고 생각을 합니다. 자신의 건강에 자신이 있고 뉴스에 나오는 사고나 큰 질병은 남의 얘기처럼 생각하기 때문입니다.

하지만 병원비로 어려움을 당한 사람들 중 누구도 자기가 그렇게 될 거라고 예상한 사람은 없습니다. 적금을 든다고 하지만 불의의 사고나 질병은 돈이 모일 때까지 기다려주지 않습니다. 괜히 우기지 말고 지금 당장 관심을 가지고 준비해봅시다.

보험, '그까이꺼' 대충

일주일이 지났다. 아팠던 것도 다 잊고 시간이 어떻게 지나갔는지 모를 만큼 일에 빠져 하루하루를 보냈다. 톱니바퀴처럼 돌아가는 일 상생활이 너무 지겨웠지만 다들 이렇게 살고 있다는 생각에 참아가며 또 하루를 시작한다.

한참 일하는 중에 모르는 번호로 전화가 걸려왔다.

"여보세요?"

"안녕하세요~ 이대충 님 핸드폰 맞나요?"

"네, 그런데요. 누구시죠?"

"아, 안녕하세요. 박꼼꼼 씨 소개로 연락 드렸습니다. 보험설계사 '막팔아'입니다."

박 선배와 얘기를 나눈 후 한참 동안 잊고 있었던 보험설계사의 전화였다.

"아~ 보험이요?"

"네. 반갑습니다."

"안녕하세요. 제가 보험이 하나도 없어서요. 어떻게 하면 되나요?"

"네. 간단한 기본정보만 주시면 제가 몇 가지 뽑아서 갈게요. 어차피 한 번은 만나야 하니깐요. 자세한 건 만나 뵙고 얘기하면 될 것 같네요."

"네, 감사합니다. 그럼 어떤 걸 알려드리면 되나요?"

"우선 나이, 직업 알려 주시구요, 한 달에 보험료가 얼마 정도면 괜찮으시겠어요?"

"나이 30세, 직업 회사원이구요, 음… 한 달 보험료는 10만 원이면 될 것 같아요. 물론 저렴할수록 좋구요."

"네, 알겠습니다. 시간은 언제가 괜찮으세요?"

"음, 내일 점심 먹고 나면 30분 정도 비는데 그때 보면 괜찮을 것 같네요."

"네, 그럼 제가 몇 가지 뽑아서 내일 찾아뵙겠습니다."

"네."

평소에 내가 워낙 좋아하고 신뢰하는 박 선배가 추천해줬기 때문에 내일 상담을 받긴 하겠지만, 마음속으로는 벌써 가입이 끝나 있었다.

약속한 점심시간이 되어 담당 설계사를 만났다.

"안녕하세요. 이대충 님."

"네, 안녕하세요."

"우선 제가 몇 가지 뽑아 왔어요. 제가 설계별로 특징을 말씀드릴게요. 들어보시고 맘에 드시는 걸로 선택하시면 될 것 같아요."

"네."

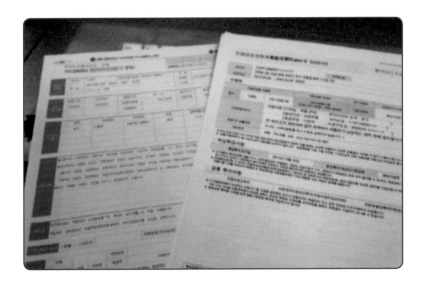

설계사는 미리 뽑아온 3가지의 설계 안에 대한 보장 내용을 하나씩 설명해주었다.

"A 설계는 암에 걸리면 3,000만 원, 사망 시 1억 등을 보장 받을 수 있구요, B 설계는 금액을 좀 낮춰서 암 2,000만 원, 사망 시 8천만 원 등을 보장받을 수 있습니다. 그리고 C 설계는…."

막팔아 씨는 20~30분에 걸쳐 A, B, C 설계안에 대한 보장 내용을 설명해줬다.

"어떠신가요? 어떤 게 제일 나은 것 같으세요?"

"저… 봐도 잘 모르겠네요. 그냥 금액이 중간인 B 안으로 할게요. B로 해도 웬만한 건 다 되는 거죠?"

"그럼요. 보장금액이 조금 낮긴 한데 지금 결혼도 안 하셨고 자녀도 없으니까 이거 하나로도 충분할 겁니다."

나는 미리 뽑아온 설계 중 중간 금액인 B 안을 골라 사인을 했다. 애초에 관심이 없어서 그런 건지는 몰라도 들어도 이해가 잘 안 됐다. 하지만 뭐 보험이란 게 다 비슷하고 계속 고민해봤자 머리만 아플 것 같아 무난해 보이는 걸로 사인하고 끝냈다.

'박 선배님이 소개해주신 분인데 어련히 알아서 하시겠어?'

그러고 나서 한동안 잊어버리고 시간은 흘러 일주일이 지났다.

"이대충 씨 계신가요? 우편물 왔습니다."

"네, 제가 이대충인데요. 우편물 올 게 없는데. 어디서 온 건가요?"

"○○보험사라고 돼 있네요."

일주일 전에 가입한 보험 증권이었다.

"아, 네. 감사합니다."

대충 훑어보긴 했는데 무슨 말인지도 잘 모르겠고 내용도 너무 많아서 곧바로 서랍 속에 넣었다.

FC(Financial Consultant)

FP(Financial Planner)

RC(Risk Consultant)

LP(Life Planner)

보험설계사를 지칭하는 단어는 이외에도 무수히 많이 있습니다. 하지만 회사에서 추구하는 의미는 거의 비슷할 겁니다. 고객의 재무를 컨설팅해주는 사람이죠. 하지만 단어만 세련됐을 뿐 현실에서는 아직 의미대로 잘 이뤄지지 않는게 사실입니다. Consulting보다는 Sales죠.

이대충 씨가 보험에 가입한 모습. 우리와 별로 다르지 않습니다. 여기에 등장하는 설계사도 그렇고요. 여러분은 컨설팅받으셨나요?

피 보 험 자	30세/남/(1급) 재무 사무직 관리자			
보장명	보장상세	가입금액 (만원)	납입/ 보험기간	보험료(원)
일반상해후유장해(3%~100%) (기본계약)	일반상해로 후유장해시 (장해분류표(약관참조)에서 정한 3%~100% 장해지급률에 해당하는 장해상태시 장해지급률을 보험가입액에 곱하여 산출한 금액을 보험금으로 지급)	13,000	20년/100세	5,850
일반상해80%이상후유장해	일반상해로 80% 이상 후유장해시	13,000	20년/100세	1,430
일반상해사망	일반상해로 사망시	13,000	20년/100세	8,450
질병80%이상후유장해	보험기간중 질병으로 80% 이상 후유장해시	2,000	20년/100세	1,380
대중교통이용중교통상해사 망후유장해(갱신형)	대중교통수단 이용중 교통상해로 후유장해시 (단, 80% 미만 후유장해는 장해지급률을 곱한 금액을 지급)	2,000	20년/100세	26
자전거탑승중상해사망후유 장해	자전거 탑승중 상해로 사망 또는 후유장해시 (단, 80% 미만 후유장해는 장해지급률을 곱한 금액을 지급)	2,000	20년/100세	180
강력범죄피해보장	강력범죄(약관참조)에 의해 사망하거나 신체에 피해가 발생했을 경우 (단, 폭행/폭력으로 인하여 신체에 피해가 발생한 경우에는 1개월을 초과하여 의사의 치료를 요할 때에만 보상)	300	20년/100세	102
질병사망80%이상후유장해	보험기간중 질병으로 사망 또는 80% 이상 후유 장애시	10,000	20년/80세	54,300
일반상해50%이상후유장해	일반상해로 50% 이상 후유장해시	1,000	20년/100세	200
일반상해신체장애(A~B급)	보험기간중 상해로 인해 신체적장애등급표(약관참조)에서 정한 A급~B급 장애판정을 받았을 시 (최초1회한)	10,000	20년/100세	8,000
질병특정고도장해진단비	보험기간중 질병으로 인해 질병특정고도장해 판정기준에서 정한 장해상태가 되었거나, 지체, 뇌병변, 시각, 청각, 언어장애 중 하나 이상의 장애가 발생하고 장애인복지법시행령 2조 및 장애인복지법 시행규칙 2조에서 정한 1급/2급 장애인(지체, 뇌병변, 시각, 청각, 언어장애에 한함)이 되었을 시 (최초1회한)	1,000	20년/100세	1,080

보장명	보장상세	가입금액(만원)	납입/보험기간	보험료(원)
암80%이상후유장해	암보장개시일(예약일로부터 90일이 지난날의 다음날) 이후에 암 또는 보험기간중 기타피부암, 갑상선암으로 진단확정되고 그 암, 기타피부암, 갑상선암으로 인하여 80% 이상 후유장해시	10,000	20년/100세	2,500
질병50%이상후유장해	보험기간중 질병으로 80% 이상 후유장해시	3,000	20년/100세	22,860
상해입원일당(1일이상)II	일반상해로 입원치료시 (1일당, 1사고당 입원일수 180일 한도)	3	20년/100세	4,239
골절진단비II	일반상해로 골절되어 진단확정시 (1사고당, 치아파절 제외)	30	20년/100세	1,230
5대골절진단비	일반상해로 머리의 으깸손상, 목의 골절, 흉추의 골절/흉추의 다발 골절, 요추/골반의 골절, 대퇴골의 골절로 진단확정시 (1사고당)	20	20년/100세	118
5대골절수술비	일반상해로 머리의 으깸손상, 목의 골절, 흉추의 골절/흉추의 다발골절, 요추/골반의 골절, 대퇴골의 골절로 진단확정후 수술시 (1사고당)	20	20년/100세	20
깁스치료비	일반상해 또는 질병으로 깁스치료시 (1사고당, 부목치료는 제외)	30	20년/100세	768
화상진단비	일반상해로 심재성 2도 이상의 화상으로 진단확정시	30	20년/100세	198
상해수술비	일반상해로 수술시 (1사고당, 같은 상해로 두 종류 이상의 수술을 받은 경우 하나의 수술비만 지급)	50	20년/100세	2,385
중대한특정상해수술비	일반상해로 뇌손상 또는 내장손상을 입고 사고일로부터 180일 이내에 개두, 개흉, 개복 수술시 (최초1회에 한함)	300	20년/100세	279
중대한화상및부식진단비	일반상해로 중대한 화상 및 부식(신체표면적 최소 20% 이상의 3도 화상 또는 부식)으로 진단확정시 (최초1회에 한함)	2,000	20년/100세	124

피 보 험 자	30세/남/(1급) 재무 사무직 관리자			
보장명	**보장상세**	**가입금액(만원)**	**납입/보험기간**	**보험료(원)**
급성심근경색증진단비	보험기간중 급성심근경색으로 진단확정시 (최초1회에 한함, 가입후 1년 미만 진단시 가입금액의 50% 지급)	2,400	20년/100세	5,112
허혈성심장질환진단비	보험기간중 허혈성심장질환으로 진단확정시 (최초1회에 한함, 가입후 1년 미만 진단시 가입금액의 50% 지급)	600	20년/100세	2,112
항암방사선약물치료비	암보장개시일(계약일로부터 90일이 지난날의 다음날, 계약일 현재 보험나이 15세 미만 피보험자의 경우 계약일) 이후에 암으로 진단 확정되고 항암방사선약물치료를 받을시 (최초1회에 한함, 가입후 1년 미만 진단시 가입금액의 50% 지급) 보험기간중 기타피부암, 갑상선암으로 진단확정되고 항암방사선 약물치료를 받을시 (최초1회에 한함, 가입금액의 20%지급, 가입후 1년 미만 진단시 가입금액의 10% 지급)	100	20년/100세	757
암수술비I	암보장개시일(계약일로부터 90일이 지난날의 다음날, 계약일 현재 보험나이 15세 미만 피보험자의 경우 계약일) 이후에 암 또는 보험기간중 기타피부암, 갑상선암, 제자리암, 경계성종양으로 진단확정 되고 직접치료를 목적으로 수술시 (수술 1회당, 가입금액의 20%지급, 가입후 1년 미만 수술시 가입금액의 10% 지급) ※ 항암방사선 및 항암약물치료는 보상제외	300	20년/100세	633
암수술비II	암보장개시일(계약일로부터 90일이 지난날의 다음날, 계약일 현재 보험나이 15세 미만 피보험자의 경우 계약일) 이후에 암(단, 기타 피부암, 갑상선암, 제자리암, 경계성종양은 제외)으로 진단확정되 고 직접치료를 목적으로 수술시 (최초 1회에 한함, 가입금액의 80%지급, 가입후 1년 미만 수술시 가입금액의 40% 지급) ※ 항암방사선 및 항암약물치료는 보상제외	30	20년/100세	1,728

암직접치료입원일당(4일이상)	암보장개시일(계약일로부터 90일이 지난날의 다음날, 계약일 현재 보험나이 15세 미만 피보험자의 경우 계약일) 이후에 암으로 진단 확정되고 직접치료를 목적으로 4일 이상 계속 입원치료시 (3일초과 1일당, 가입후 1년 미만 입원시 가입금액의 50% 지급) 보험기간중 기타피부암, 갑상선암, 제자리암, 경계성종양으로 진단 확정되고 직접치료를 목적으로 4일 이상 계속 입원치료시 (3일 초과 1일당, 가입후 1년 미만 입원시 가입금액의 20%지급, 가입후 1년 미만 입원시 가입금액의 10% 지급) ※ 1회 입원당 120일 한도	10	20년/100세	3,970
질병입원일당(1일이상)	보험기간중 질병으로 입원치료시 (1일당, 동일질병당 180일 한도)	3	20년/100세	11,904
질병수술비	보험기간중 질병으로 수술시 (1사고당, 같은 질병으로 두 종류 이상의 수술을 받은 경우 하나의 수술비만 지급)	20	20년/100세	1,722
특정희귀난치성질환수술비	보험기간중 특정희귀난치성질환으로 수술시 (수술1회당)	300	20년/100세	1,005
누적외상성질환(VDT증후군)수술비	보험기간중 누적외상성질환(VDT증후군)으로 진단확정후 그 치료를 직접적인 목적으로 수술시 (수술1회당)	100	20년/100세	16
충수염(맹장염)수술비	보험기간중 충수염(맹장염)으로 진단확정되고 그 치료를 직접적인 목적으로 수술시 (최초 1회에 한함)	30	20년/100세	102
피부질환수술비	비부질환(피부 및 피하조직의 감염, 수포성 장애, 피부염 및 습진, 두드러기 및 홍반 등 약관 참조)으로 수술시 (수술1회당)	10	20년/100세	9
호흡기관련질병수술비	호흡기관련질병(급성상기도감염, 상세불명의 상기도 질환, 상세부렴이 만성 기관지염, 천식, 폐렴, 재항군인병 등 약관 참조)으로 수술시 (수술1회당)	30	20년/100세	3

갑자기 이상한 게 나와서 정신없으시죠?

저도 막팔아 씨처럼 제 마음대로 설계해봤습니다. 과연 이런 설계는 누구를 위한 설계일까요?

설계사가 마음대로 설계하고 내용을 설명하고 그 안에서 수정하는 이런 식의 판매는 고객에게 전혀 도움되지 않습니다. 하지만 많은 사람이 이런 식의 가입을 해왔습니다.

이게 얼마나 말이 안 되는 얘기인지 조금이라도 알려드리기 위해서 실제설계서를 올려보았습니다. 물론 세부적인 내용을 하나씩 자세히 볼 필요는 없습니다.

그냥 저렇게 가입할 수 있는 항목이 많다는 걸 보여드리려고 한 겁니다. 저게 다가 아닙니다. 더 많은 항목들이 설계사의 노트북에 숨어 있습니다. 하나의 항목마다도 설정할 수 있는 가입금액 또한 매우 다양합니다.

가장 위쪽 설계서 세 번째에 있는 상해사망 항목을 보면 해당 설계는 13,000만 원으로 설정돼 있지만 100만 원부터 10억까지 설정이 가능합니다. 상해사망 항목 한 가지만 해도 설정할 수 있는 경우의 수가 1,000가지라는 겁니다. 많은 사람이 가입하는 암 진단비 또한 회사마다 차이는 있지만 대부분 100만 원부터 3,000만 원까지 설정 가능합니다. 암 진단비도 설정할 수 있는 경우의 수는 30가지가 되는 거죠. 한 가지 항목만 해도 이렇게 많은 선택이 가능한데 이런 항목들이 대략 50개 정도 있습니다.

위의 이야기에서 이대충 씨는 3가지 설계안을 받았지만 보험을 설계해보면 나올 수 있는 설계안은 사실 무한대입니다. 무한대 중에서 3가지를 골라 설명을 하는 겁니다. 이렇게 제안을 하고 가입하다 보니 한 설계사에게 가입한 고객은 설계한 내용이 전부 거기서 거기입니다. 사람의 형편이 다르고 생각이 다른데 그런 건 고려하지 않고 무조건 설계사 마음대로 설계해서 가입하는 보험이 과연 나에게 얼마나 맞을까요? 그래서 컨설팅이 중요하고 내가 생각을 가지고 스스로 가입하는 게 중요하다는 겁니다. '그까이꺼' 대충하다가 큰일 날 수 있습니다. 상담에서 계약까지 30분? 턱도 없습니다.

03

이건 아니잖아

정신없이 살다 보니 1년이 후딱 지나갔다. 연말이 지나고 나니 야근은 많이 줄어들었다. 요즘은 7시 정도면 무난히 퇴근할 수 있어서 좀 살 만하다는 생각이 든다. 여유가 생기면서 취미생활도 시작했다. 누구나 취미생활 적는 칸에 한 번씩은 적어봤을 법한, 하지만 실제로는 거의 하지 않는 취미생활. 독서와 음악 감상. 남들이 보면 웃을 수도 있겠지만 요즘 나는 거기에 푹 빠져 살고 있다. 오늘도 다른 사람들보다 좀 일찍 출근해서 바흐의 무반주 첼로 곡을 틀어놓고 커피를 마시며 여유를 부리는 중이다.

"안녕하십니까!!"

나의 우아한 취미생활을 한 번에 무너뜨리는 우렁찬 목소리. 얼마 전에 들어온 신입사원 '김확실'이다. 얘기를 몇 마디 나눠보지 않았지만, 성격이 굉장히 꼼꼼하고 철저한 것 같았다. 인턴성적도 1위라고 했다. 소위 말하는 엘리트 신입.

"일찍 출근했네. 피곤하지 않아?"

"아닙니다. 괜찮습니다."

"그래. 같이 커피 한잔 할까?"

"네. 좋습니다."

신입사원 시절 일에 치여 인상만 쓰고 다녔던 나랑은 어딘가 모르게 달랐다. 신입사원임에도 여유가 있었고 어떤 일을 맡기던 기대 이상의 성과를 보였다. 회사 내 평가도 굉장히 좋았다.

"확실 씨! 할 만해?"

"네, 선배님. 선배님들이 많이 도와주셔서 어렵지 않게 하고 있습니다."

"그래. 열심히 하는 모습 보기 좋네. 우리 오늘 점심이나 같이 할까?"

"네, 좋습니다. 그럼 오늘은 제가 아는 국밥집으로 모시겠습니다. 집이 이 근처라 제가 맛집은 꽉 잡고 있거든요."

"좋지, 국밥. 어제 술을 너무 마셔서 속 좀 풀어야겠어."

애기를 마무리하고 업무시간이 되어 서로의 자리로 돌아갔다. 오전에 간단한 일 처리 몇 개 끝내고 인터넷 좀 하다 보니 금방 점심시간이 됐다. 약속대로 평소에 김확실이 자주 간다던 국밥집으로 향했다.

"많이 먹어."

"네. 선배님도 많이 드세요."

전날 술을 많이 먹어서 그런지 국밥이 나오자마자 국물을 거하게 들이 켰다.

"하~ 시원하다. 이제 좀 속이 풀리는구먼."

"하하, 선배님 천천히 드세요. 속 풀려다 입천장 다 까지겠어요."

"그래. 안 그래도 뜨거워죽겠다."

오전 내내 어제 먹은 술 때문에 속이 좋지 않았던 나는 순식간에 국밥 한 그릇을 다 먹어치웠다.

"여기 맛있네."

"네, 여기가 제 홈그라운드라고 했잖아요. 다음엔 또 다른 코스로 안내해드리겠습니다."

일만 잘할 거라 생각했던 신입사원 김확실은 성격도 싹싹하고 괜찮은 것 같았다.

"좋네, 좋아. 커피 한잔 하러 가자."

"예, 알겠습니다."

회사 근처에 테이크아웃으로 싸게 파는 카페는 줄이 꼬리에 꼬리를 물고 있었다. 혼자라면 기다려서 먹었겠지만, 선배 체면에 거기에 설 순 없었다. 밥 5천 원짜리 먹고 커피 6천 원짜리 먹게 생겼지만 그래도 지금은 후임과 같이 있지 않은가. 메이커 커피숍으로 들어갔다.

"나는 아메리카노, 확실 씨는?"

"네, 저도 똑같은 걸로 먹겠습니다."

"아메리카노 두 잔이요!"

주문한 커피를 마시면서 주위를 한 번 둘러봤다. 점심시간 이후라 그런지 사람이 꽤 많았다. '후식을 이렇게 비싼 걸 사 먹으면 이 사람들은 돈은 언제 모으지' 하는 생각이 들었다. 우리나라 어렵다고 하지만 여기 있는 사람들 보면 꼭 그렇지도 않은 것 같았다. 이런저런 생각을 하며 주위 사람들은 뭐하나 한 번 관찰해봤다. 근데 이상하게도 거기 온 사람 중에 깔끔하게 정장을 차려입은 사람이 많이 보였다. 순간 '뭐지?'란 생각을 했다가 이내 1년 전 내 모습이 생각났다. 사무실이 밀집된 지역이라 그런지 점심시간에 짬을 내서 보험 상담을 받는 사람들이 꽤 있었다.

'맞아. 나도 1년 전에 여기서 막팔아 씨 만나서 보험 가입했었지.'

혼자 상상의 날개를 펼치다 앞에 있는 김확실 씨를 까먹고 있었다.

"선배님, 혼자 무슨 생각을 그렇게 하세요?"

"아, 미안. 잠깐 딴생각을 했네. 확실 씨! 혹시 보험에 대해서 생각해본 적 있어?"

"보험이요? 갑자기 웬 보험 얘기예요?"

"아니 원래 입사하고 나면 재테크도 하고 보험도 가입하고 그러잖아. 나도 그전에는 관심 없다가 입사하고 나서 준비했거든."

"그렇구나. 저도 학생 때는 관심 없었는데 경제활동 시작하면서 가장 먼저 준비했어요."

"아 그래? 대단하네."

김확실, 뭐가 달라도 한참 다른 사람이었다. 이번엔 좀 아는 티를 낼 수 있을까 했는데 또 지는 기분이다. 커피나 마시자.

"선배님은 보험 몇 개 가입하셨어요?"

이제는 오히려 나한테 질문까지 한다. 예상치 못한 상황이다.

"나? 하나 가입했지. 뭐 많이 필요한가? 그러는 김확실 씨는?"

"아, 저는 ○○보험 상품 1개랑 ㅁㅁ보험 상품 1개 가입했어요. 선배님은 어느 회사 보험이에요?"

"어? 회사 이름이 뭐였더라? 갑자기 생각하려니까 생각이 안 나네. 무슨 유명한 회사였는데. 아니 뭐 보험이란 게 그냥 다 똑같은 거 아닌가? 가입만 하면 됐지, 알아서 뭐해."

"그래도 선배님 본인 보험인데 회사 이름 정도는 알아야 하지 않을까요? 가입은 누구한테 하신 거예요?"

"아, 박꼼꼼 선배 있지? 그 선배님이 소개해주신 분한테 가입했어."

"그렇구나. 어떤 식으로요?"

"어떤 식? 하하 왜 이렇게 몰아붙여. 그게 그렇게 중요한 건가. 그냥 설계사가 설계서 몇 개 뽑아오고 그중에 무난해 보이는 걸로 했지 뭐. 비싼 걸 하면 좋긴 하겠지만 돈이 많이 들어가니까 그냥 중간으로 한 거지. 다들 그렇게 하지 않나?"

"네? 그럼 그 자리에서 설명 듣고 바로 가입하신 거예요?"

"응, 당연하지."

"보험을 그렇게 가입하시면 어떡해요. 저도 처음엔 그러면 되지 않나 싶었는데 어떤 한 분을 만나면서 그런 생각이 확 깨졌어요."

이게 무슨 소리지? 박꼼꼼 선배가 소개를 해줬고, 그냥 가입만 하면 끝이라고 생각했는데. 김확실은 내 앞에서 갑자기 흥분하며 답답하다는 표정을 짓고 있다.

"선배님 가입한 보험증권 보실 줄은 아세요?"

"증권? 아니 그냥 서랍에 넣어두고 한 번도 꺼내보진 않았지. 그걸 봐야 하나?"

" 아… 그러면 안되는데 … "

"그런가? 에이 몰라. 그만 얘기하자. 이러다 밥 먹은 거 다시 올라오겠다."

뭔가 조언을 해주며 어깨 한 번 으쓱하려고 꺼냈던 얘기였는데 오히려 조언을 듣게 되다니….

퇴근 후 집에 돌아온 나는 별일 아닌 듯 대수롭지 않게 여겼던 김확실 씨와의 대화가 찜찜해 한 번도 보지 않았던 증권을 찾아보기로 했다. 분명 어딘가에서 본 것 같긴 한데. 넓지도 않은 방 안을 한참 뒤지고 나서야 저 구석에 꽂혀 있는 증권을 찾을 수 있었다.

'이만큼 내가 보험에 관심이 없었구나. 1, 2만 원도 아깝게 생각하면서 한 달에 거의 십만 원씩 들어가는 보험은 왜 신경도 안 쓰고 살았지?'

보험 가입 후에 처음으로 관심을 가지고 증권을 보기 시작했다. 하지만 분명히 설명 들었던 내용임에도 불구하고 증권 안에 있는 내용은 전혀 무슨 말인지 이해할 수 없었다. 하얀 건 종이고 검은 건 글씨라는 표현이 정확했다. 순간 머릿속이 복잡했다. 그저 가입만 하면 된다고 생각을 했지, 내가 가입한 내용이 어떤 내용인지 가입 당시에 한 번 듣고는 잊어버리고 살았다.

갑자기 정신이 번쩍 들었다. 찝찝한 마음에 가입 후 처음으로 막팔아 씨에게 전화를 걸었다. 가입한 보험에 대해서 다시 한 번 설명을 부탁했고 전화상으로 보장 내용에 대해서 설명을 들었다. 하지만 무슨 말인지 잘 이해가 되지 않았다. 들을 때는 그런 거구나, 생각했지만 찝찝함이 사라지지는 않았다. 다음날 회사에 출근하자마자 김확실에게 커피 한 잔을 건네며 얘기를 해보기로 했다.

"김확실 씨는 보험에 대해서 잘 아는 거야?"

"네, 그럼요. 적어도 제가 가입한 보험에 대해서는 정확하게 알고 있죠."

"그렇구나. 나는 뭐가 뭔지 도통 모르겠어. 들어도 모르겠던데. 왜 그런 거지?"

"음… 선배님은 보험 가입하실 때 설계사가 뽑아온 설계서 보고 그 중에 하나 골라서 계약했다고 하셨죠?"

"응. 박꼼꼼 선배님이 소개해 줘서 그냥 설계사가 하라는 대로 했지 뭐. 그 선배 워낙 철저하잖아. 몇 개 뽑아 와서 설명 듣고 그중에 그냥 무난한 걸로 사인하고."

"그렇게 가입했으니까 당연히 이해가 안 될 수밖에 없죠."

"원래 그렇게 하는 거 아냐? 그럼 어떻게 해야 하는데? 다들 그렇게 하더구먼."

"음, 그게 쉬운 얘기는 아니에요. 여기서 제가 전부 설명하기에는 내용이 너무 길구요. 제 담당 설계사분이 있는데 소개해 드릴게요. 보험 과외받는다 생각하시고 상담 한 번 받아보세요."

"다 똑같은 거 아닌가? 어차피 보험 팔아먹으려고 하는 사람들인데 다른 게 있겠어? 자기 것이 좋다고 할 거 아니야. 설계사라면 난 별로다."

"그럼 혼자 공부하실 거예요?"

"그건 아니지만…."

또 상담받으라는 얘기에 그다지 마음이 내키진 않았지만, 그것 외에는 다른 방법이 없었고 김확실 씨가 워낙 자신 있게 말을 하니 한편으로는 약간의 기대감도 생겼다.

"일단 믿고 상담 한 번 받아 보시라니까요."

"그래. 알았어. 상담받아 볼게."

이건 아니잖아

오래된 고문서처럼 보관돼 있는 보험증권. 이제는 먼지를 털고 한 번 점검할 때가 됐습니다. 서두에 증권을 준비하라고 했지만, 아직 준비 안 하신 분이 있다면 얼른 들고 나오세요. 한참 찾아야 될 수도 있습니다. 하지만 꼭 찾아야 합니다. 없으면 콜센터에 전화하세요. 요즘은 메일로 바로 보내줍니다.

한 달에 십만 원이라고 무시하면 안 됩니다. 20년납으로 계산하면 전체 납입하는 보험료가 2,000만 원이 넘어갑니다. 여러분은 2,000만 원짜리 상품을 할부로 구입한 것뿐입니다. 가족 전체로 봤을 때는 1억이 넘어갈 수도 있습니다. 한 번쯤은 제대로 볼 필요가 있겠죠? 도대체 어떤 물건이길래 몇천만 원씩 하는지 함께 짚어보도록 합시다.

보험

덮어놓고

가입하면

거지꼴을

못면한다

내가스로디자인하는보험
Diymoney

3장 실제상황 Ⅱ

실제(實際) [명사]: 사실의 경우나 형편
상황(狀況) [명사]: 일이 되어가는 과정이나 형편

0교시 선행학습

새롭게 하소서

모르는 번호로 전화가 걸려 왔다. 저번과 같은 상황이라 이번엔 누군지 짐작할 수 있었다.

"여보세요."

"안녕하세요. 이대충 님."

"네, 안녕하세요."

예상대로 김확실 씨가 얘기한 보험설계사였다.

"김확실 님 소개로 전화 드렸습니다. 가입한 보험이 어떤 건지 잘 모르시겠다구요?"

"네. 가입은 되어 있는데 뭐가 뭔지 하나도 모르는 상태라서요."

"아, 네. 그러면 만나 뵙고 상담을 진행할 텐데 시간은 언제가 괜찮으세요?"

"보통 평일에는 점심시간 맞춰서 오시면 한 시간 정도는 시간을 낼 수 있어요."

"아, 그렇군요. 그런데 한 시간으로 많이 부족하구요. 시간이 넉넉할 때 뵙는 게 좋을 것 같습니다."

"한 시간으로 안 된다구요? 그렇게나 오래 걸리나요? 그럼 시간이 애매한데…."

"회사 마치고 보는 건 안 될까요?"

회사 마치고는 쉬고 싶기도 하고 책도 읽어야 하는데… 아, 보험이 뭔지. 그것 때문에 내 소중한 시간을 뺏겨야 한다니.

"네. 그럼 뭐 그때 봐야죠."

"그럼 마치시는 시간에 맞춰 회사 근처로 가겠습니다. 이따 뵙겠습니다."

이 사람 너무 과감하다. 자기한테 보험 가입한다는 것도 아닌데, 뭣 때문에 이렇게 열정적인 건지…. 암튼 그렇게 약속을 정하고 남은 회사 일을 다시 하기 시작했다. 약속 시간에 맞춰 퇴근하려면 시간이 빠빠했기에 정신없이 일에 빠졌다.

"안녕하세요, 이대충 님."

회사 앞 카페에서 김확실 씨가 소개해준 설계사를 만났다. 시간은 6시를 조금 넘어가고 있었다.

"처음 뵙겠습니다. '이경제'라고 합니다. 명함 먼저 드리겠습니다."

내가 스스로 디자인하는 보험
DIY MONEY

독특한 명함이었다. 보통 회사이름이 쓰여 있는데 회사는 없고 그 냥 'DIY MONEY'라니… 유령업체 아닌가? 암튼 전문가라고 해서 중 후한 아저씨일거라 생각했는데 생각보다 젊고 깔끔한 인상을 주는 사 람이었다. 나쁜 사람 같지는 않았다.

"이름이 특이하시네요. 하시는 일과도 잘 맞는 것 같구요. 본명이세 요?"

"네, 본명입니다. 부모님이 의도하고 지으신 건 아닌데 어떻게 잘 맞 아 들어갔네요. 하하."

"그러게요. 이름이 절묘하시네요."

"감사합니다. 그럼 본론으로 들어가서요. 김확실 씨한테 대충은 들었는데 정확히 어떤 부분을 도와드리면 될까요?"

"제가 1년 전에 보험에 가입했는데 잘 가입을 한 건지 암만 봐도 잘 모르겠고 해서 좀 봐주셨으면 해서요."

"네, 알겠습니다. 상담하기 전에 제가 항상 질문하는 게 있는데요. 혹시 기존 보험에 가입하실 때 어떤 방식으로 하셨나요?"

김확실 씨도 그렇고 이 분도 그렇고 왜 다들 어떻게 가입했는지를 물어보는지 알 수가 없었다. 그게 뭐가 중요하길래.

"뭐 보통 사람들이 하는 것처럼 일단 설계사분이 몇 가지 설계안을 뽑아 오셨구요. 전 거기에 대해서 설명을 듣고 그중 제일 괜찮아 보이는 걸로 하나 골라서 가입했어요."

"아, 그랬군요. 대부분 그렇게 가입하시죠. 하지만 단도직입적으로 말씀드리면 그런 형태의 가입은 시작부터 잘못됐기 때문에 이해를 못하실 수밖에 없습니다. 다시 설명을 들어도 이해를 잘 못하시겠죠?"

"네. 그런데 왜 그렇죠? 다들 이렇게 가입하던데…."

"이 부분에 대해서 제가 고객들에게 설명 할 때 자동차 구입과 비교해서 많이 설명 드리는데요. 지금 차를 한 대 꼭 사야 한다고 가정하면 꼭 타고 싶은 차가 있으신가요? 금액은 상관하지 마시구요."

어떻게 가입했는지 물어보다가 이번엔 갑자기 자동차 얘기다. 차를 좋아해서 자주 중고차 사이트를 뒤지곤 했지만 그게 무슨 상관이길래 물어보는지 의아했다.

"자동차요? 음… 금액을 상관 안 한다면 뭐 외제 차 타고 싶죠."

"네. 그럼 제가 질문을 조금 바꿔보겠습니다. 세부적인 모델은 나중에 얘기하기로 하구요. 혹시 어떤 종류의 자동차를 타고 싶으신가요? 승용차? SUV? 트럭? 승합차? 스포츠카?"

"저는 만약 차를 산다면 그냥 승용차를 살 것 같아요. 전 노멀한 게 좋아요."

"네, 그렇군요. 이대충 씨는 승용차를 사신다고 했는데 만약 승용차를 구매하기 위해서 자동차 판매장에 들어가면 겉모양을 보고 승용차를 구분할 수 있나요?"

그걸 모르는 사람이 있나? 이 설계사는 계속해서 희한한 질문만 한다.

"당연히 구분할 수 있죠."

"맞습니다. 우리는 손쉽게 승용차와 SUV, 트럭 등을 구분할 수 있습니다. 일반적으로 문이 네 개이고 가장 평범하게 생긴 게 승용차, 승용차보다 좀 높게 만들어진 게 SUV, 뒤에 짐 싣는 칸이 있으면 트럭, 뭐 이런 식으로요. 우리가 이렇게 잠깐 보기만 해도 그 용도를 구분할 수 있는 이유는 자동차는 유형의 상품이기 때문입니다. 형태가 있다는 뜻이죠.

그러면 보험은 어떤가요? 보험도 자동차처럼 종류가 여러 가지가 있고 종류별로 쓰이는 용도도 다 다릅니다. 하지만 자동차와 가장 큰 차이는 보험 상품은 승용차든 SUV든 트럭이든 승합차든 전부 다 똑같이 생겼다는 겁니다. 정확히 얘기하면 형태가 없는 무형의 상품이라는 거죠. 우리가 볼 수 있는 건 흰 종이에 까만 글씨뿐입니다. 그렇다 보니 일반인이 구분하기가 쉽지 않죠. 더 큰 문제는 설계사들도 구분하기가 쉽지 않다는 겁니다.

그래서 설계사가 고객을 만나면 가장 먼저 해야 하는 일은 무작정 설계서를 뽑아 와서 설명하는 게 아니라 이건 승용차고 출퇴근 용도로 쓰는 거다, 이건 트럭이고 짐을 나를 때 쓰는 거다, 이건 SUV고 레저용으로 쓰는 거다, 이런 식으로 보험의 큰 틀을 설명해야 한다는 거죠. 우선은 어떤 게 있는지 알아야 고객도 뭘 가입해야 하는지 알 수 있으니까요. 무슨 말인지 좀 감이 잡히시나요?"

"무슨 말인지 조금은 이해가 되네요."

"이대충 씨가 보험에 가입한 형태는 자동차로 예를 들면 딜러가 이대충 씨가 원하는 자동차가 뭔지도 모르는 상태에서 임의로 자동차 몇 대 가져와서 어느 정도 설명하고 그중에 하나를 사라는 것과 똑같은 상황입니다. 이대충 씨뿐만 아니라 대부분 고객이 그렇게 보험에 가입합니다.

지금 상황을 좀 더 자세히 얘기하면 이렇습니다. 누군가가 자동차가 없어서 차를 한 대 사려고 합니다. 그래서 딜러 하는 친구에게 전화해서 얘기합니다. 나 자동차 한 대 사야 하니까 괜찮은 차로 몇 대 갖고 와봐. 그러면 그 딜러는 자기가 파는 차 중에 몇 대 골라서 자동차 카탈로그를 들고 가는 거죠. 그리고는 카탈로그를 펼쳐서 설명합니다. 1번 차는 문이 네 개에 휘발유를 쓰고 연비는 리터당 15km 정도 나와, 2번 차는 문이 두 개고 연비는 리터당 8km 정도 나오고. 3번 차는 어쩌고저쩌고….

이렇게 설명을 듣다 보면 고객은 다 비슷해 보이는 거죠. 그럼 그때 얘기합니다. 야 그냥 네가 보기에 젤 괜찮은 걸로 한 대 줘. 그러면 딜러는 그중에 가장 많이 팔리는 차로 친구한테 권유하고 팔게 됩니다.

자, 어떠신가요? 실제 자동차를 살 때 이런 식으로 사는 사람이 있을까요? 이대충 씨에게 친구가 이렇게 자동차를 판매한다면 구매하실 건가요?"

"아뇨. 절대 그렇게 구매할 일은 없을 것 같습니다. 아무리 친한 친구라고 해도요."

"그렇죠? 당연히 말이 안 되는 얘기입니다. 하지만 보험은 대부분 사람이 이렇게 가입하고 있는 게 현실입니다. 이대충 님도 첫 보험을 이렇게 가입하셨구요. 어떠신가요?"

"설계사님 얘기를 들어보니 뭔가 잘못된 것 같긴 하네요."

이제야 왜 자동차 얘기를 꺼낸 지 알 것 같았다. 난 지금 당장 사지도 않을, 아니 정확히 얘기하면 사지도 못할 외제 차를 심심하면 찾아보고 따져봤었다. 잡지도 가끔 사보고 중고차 사이트는 어플까지 받아서 검색해보곤 했었다.

"이대충 씨가 지금 가입하신 보험을 이해 못 하시는 것도 이것 때문입니다. 자동차를 사긴 샀는데 내가 과연 승용차를 샀는지, 트럭을 샀는지 도통 알 수가 없는 거죠. 아는 거라곤 연비가 얼마인지 문이 몇 개인지 정도인데 지금은 그게 중요한 게 아니니까요. 그건 가장 나중에 고려할 문제입니다. 순서가 잘못됐다는 겁니다.

먼저 어떤 종류의 차가 있는지 설명을 하고 대충 씨처럼 승용차를 선호한다면 그다음에 비로소 승용차가 잘 나온 회사를 권유해주는 거죠. 그러면 이대충 씨는 몇 개 회사 중에서 선호하는 회사를 고르면 되는 거구요. 그 후에 그 회사에 있는 승용차 중에 한 대를 고르고 옵션을 선택하고… 이런 식으로 가장 큰 범위에서부터 세부적인 범위로 점점 좁혀가는 겁니다. 그래야 내 상황에 꼭 맞는, 내가 원하는 차를 살 수 있다 이겁니다."

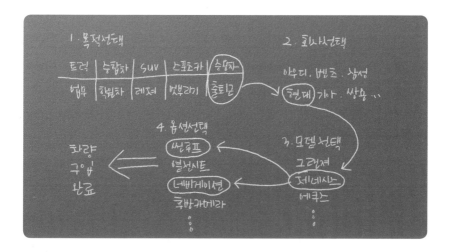

0교시. 선행학습

글의 말미나 중간중간에 있는 표들은 제가 실제로 고객을 만나서 상담할 때 써가면서 설명하는 내용입니다. 설명이 이해하기 어려울 경우 이 표를 보면서 읽는다면 좀 더 도움이 될 겁니다. 지금 당장 내 보험이 승용차인지 SUV인지 알 수는 없지만, 수업시간이 모두 끝나고 나면 대충 감이 잡힐 거로 생각합니다.

그럼 본격적으로 시작하도록 합시다.

• 담보, 납입기간과 만기

"휴… 갑자기 새로운 얘기를 듣다 보니 정신이 없네요. 시작부터 너무 어려운 것 같아요. 저는 지금까지 보험은 그냥 다 똑같은 줄 알았거든요. 가입만 하면 되는 줄 알고."

"어려울 것 하나도 없습니다. 간단하게 생각해서 전체적인 내용을 먼저 이해하고 내가 어떤 걸 가입해야 하는지 감이 잡히면 그때 스스로 자기의 보험을 설계해서 가입하는 것, 이것이 제대로 된 가입절차라고 생각하시면 됩니다."

"오늘 상담도 이대충 씨 보험증권을 보고 이건 어떻다, 저건 어떻다 얘기하지 않고 그냥 새로 보험에 가입한다 생각하고 같이 설계를 해볼 겁니다. 그러면 증권 분석은 어렵지 않게 하실 수 있습니다."

설계라는 말에 깜짝 놀랐다.

"설계도 제가 직접 한다구요?"

"더 어려워지는 거 아닌가요?"

"아뇨, 전혀 그렇지 않습니다. 자신 보험이니까 자기가 설계하는 게 맞는 거죠. 설계사는 크게 벗어나지 않게 울타리만 쳐주는 겁니다. 그래야 한 사람 한 사람 자기에게 꼭 맞는 설계를 할 수 있으니까요. 만약 설계사가 다 설계해준다면 그 설계사에게 상담받은 고객은 너나할 거 없이 설계가 비슷할 거 아닌가요? 그래선 안 되죠."

"아, 네. 그런데 잘 이해가 되지는 않네요. 뭘 어떻게 해야 한다는 건지 아직 모르겠어요."

"네, 처음에는 무슨 얘기인지 이해가 안 될 거예요. 저랑 하나하나 얘기를 하면서 차근차근 진행해 볼게요."

"네 알겠습니다. 그러면 사람들이 보험에 가입할 때 제일 먼저 알아야 하는 건 대체 어떤 건가요?"

"좋은 질문이네요. 위에 얘기했던 것처럼 가장 큰 범위에 있는 내용부터 얘기를 시작하면 됩니다. 보험시장에서 가장 큰 틀이라 함은 손해보험과 생명보험으로 구성된 보험업계입니다. 이 두 보험업계에 대한 이해가 가장 우선이죠. 아 참, 이 얘기를 하기 전에 간단하게 보험 용어와 개념부터 정리하고 갈게요. 그래야 나중에 본격적으로 설명할 때 이해하기가 쉬울 거예요. 혹시 보험에서 담보가 뭘 뜻하는 건지 아시나요?"

"음… 글쎄요? 담보는 돈을 빌릴 때 맡기는 물건을 얘기하는 것 아닌가요?"

"네, 보통 그렇게 생각하시는데 그건 보험하고는 관계없는 얘기구요. 보험에서 담보라고 하는 것은 보험을 구성하는 하나의 항목을 얘기합니다. 예를 들어 사망보험금, 암 진단비, 질병 수술비 등등 이런 하나하나의 항목을 담보라고 얘기하구요. 보험은 통상 50~100가지의 담보 중에서 내가 필요한 담보를 선택해서 가입하는 거라고 보면 됩니다.

"그렇게나 많나요? 한 번씩 읽어보는 것만으로도 지치겠어요."

담보 명
골절 진단비
화상 진단비
암 진단비
상해사망
각막이식 수술비

"그럴 수도 있죠. 담보를 쉽게 이해를 하실 수 있도록 예를 들어보면 보험 가입은 마트에서 장 보는 것과 비슷합니다. 마트에 가면 먼저 카트를 끌고 다니면서 내가 필요한 물건을 고르기 시작합니다. 수많은 상품이 있죠? 음식재료도 있고, 생활용품도 있습니다. 마트의 여러 가지 물건들을 보험에서 담보라고 생각하시면 됩니다. 그중에 내가 필요한 물건을 카트에 골라 담고 계산대로 향합니다. 계산대에서는 물건 각각의 금액을 계산해서 총 지급해야 될 금액을 계산하고 물건을 가져옵니다.

보험도 마찬가지입니다. 내가 필요한 담보를 선택하고 금액, 기간을 설정합니다. 그러면 담보마다 각각의 금액이 산정되고 모든 금액이 합쳐져서 내가 납부해야 하는 보험료가 되는 거죠. 여기까지는 이해가 되나요?"

"네, 제가 필요한 걸 골라 담아서 계산한다는 것까지는 알 것 같아요. 그런데 저한테 필요한 담보가 뭐가 있는지, 또 그걸 얼마큼 가입해야 하는지, 전혀 감이 안 잡히네요."

"걱정 마세요. 하나씩 알려드릴게요. 담보는 보험을 구성하는 하나의 항목이란 것까지만 이해하시면 됩니다."

"네. 그건 기억할 수 있을 것 같아요."

"다음으로 아셔야 할 것은 납입과 만기에 대한 부분입니다. 보험을 설계할 때 가장 먼저 정하셔야 할 것이 납입기간과 만기입니다. 납입기간은 내가 보험료를 내는 기간, 만기는 보장이 끝나는 시점을 얘기합니다. 그래서 우리가 흔히 알고 있는 만기 환급금은 보장이 끝나는 시점에 받는 돈입니다. 가끔 환급형 보험이 납입이 끝나면 돈을 받는 걸로 생각하시는 분들도 있는데 그게 아니라 보험의 효력이 끝나는 시기, 예를 들어 100세 만기 보험이면 100세에, 80세 만기 보험이면 80세에 돈을 받게 되는 겁니다."

"아 그래요? 저도 환급형 보험은 돈 내는 게 끝나면 타는 줄 알았어요."

"그렇게 생각하는 분들이 의외로 많더라구요. 환급에 대한 얘기는 제가 뒤쪽에 가서 자세히 설명해 드릴게요."

(환급형과 소멸성에 대한 자세한 설명은 5장 218페이지 '환급형은 좋은
보험, 소멸성은 나쁜 보험?' 참고)

만기는 각 담보별로 자신의 상황에 맞게 설계를 해야 합니다. 길게
하는 것과 짧게 하는 것 모두 장단점이 있기 때문에 각각의 담보 설명
을 참고해서 만기를 결정하면 됩니다. 여기서는 일단 만기가 보장이 끝
나는 시점을 의미하고 담보별로 만기를 조정할 수 있다는 정도까지만
이해하시면 됩니다.

상해사망
100세 만기 20년납
질병사망
60세 만기 20년납
암 진단비
80세 만기 20년납

"위의 표에 보시면 상해사망은 100세 만기, 질병사망은 60세 만기,
암 진단비는 80세 만기로 설정이 되어 있습니다. 이처럼 각각의 중요
한 담보들은 만기를 설정할 수 있기 때문에 필요에 따라 자기가 원하
는 대로 구성하면 됩니다."

용어 설명을 들으니 왠지 공부하는 느낌이었다. 그냥 대충 하면 안 된다는 걸 느꼈으면서도 아직 지루하다는 생각밖에 들지 않았다. 그래도 이왕 듣기로 했으니 다시 한 번 마음을 다잡고 집중했다.

"그럼 뒤에 있는 게 납입기간인가요?"

"네, 잘 보셨어요. 20년납으로 되어 있죠? 문자 그대로 20년 동안 납입한다는 뜻입니다."

"근데 만기는 다양한데 납입기간은 똑같이 20년납이에요? 무조건 저렇게 설정돼 있는 건가요?"

"아뇨. 그렇지는 않습니다. 보통 5년납부터 전기납까지 다양하게 설정할 수 있는데 일반적으로는 10년~30년 사이로 설정합니다. 보험료 납입기간은 짧다고 해서 좋은 것도 아니고 길다고 해서 나쁜 것도 아닙니다. 하지만 우리가 보통 '나 보험료 얼마 내고 있어'라고 얘기할 때 기준은 20년납이라고 보시면 됩니다. 납입기간별 보험료 차이를 보면서 좀 더 자세히 얘기해보겠습니다.

제가 여기 오기 전에 임의로 설계해본 설계안입니다. 똑같은 내용을 만 35세 남자 기준으로 설계해보면 가장 기준이 되는 20년납 보험료가 142,000원입니다. 이 부분을 10년납 했을 경우 224,000원, 30년납 했을 경우 116,000원입니다. 기간별 총 납부하는 보험료는 10년납

26,880,000원, 20년납 34,080,000원, 30년납 41,760,000원입니다."

	월납입 보험료	합계 보험료
10년	224,000원	224,000원 × 120 = 26,880,000원
20년	142,000원	142,000원 × 240 = 34,080,000원
30년	116,000원	116,000원 × 360 = 41,760,000원

"보시기에 몇 년 납이 가장 좋은 것 같으세요?"

"음. 월보험료가 부담이 되긴 하지만 낼 수만 있다면 10년납이 제일 좋은 거 아닌가요? 전체 금액이 거의 천만 원 정도 적잖아요."

"네. 언뜻 보기에는 그렇게 보일 수도 있습니다. 하지만 실제로는 납입기간이 얼마든지 간에 납부하는 보험료는 모두 **똑같습니다.** 눈에 보이는 보험료는 차이가 있지만 시간 가치를 고려하면 다 똑같다는 거죠. 10년 동안 내는 돈의 가치가 30년 동안 내는 돈의 가치보다는 훨씬 높잖아요. 그러니까 그만큼 할인을 해주는 거죠. 오래 낸다고 많이 내는 것도, 짧게 낸다고 적게 내는 것도 아닙니다. 똑같은 보험료를 10년 할부하느냐, 30년 할부하느냐의 차이입니다. 그러면 어떤 것이 유리할까요?"

"글쎄요? 납입기간에 따른 보험료 차이가 없으니 결정하기가 더 어려운 것 같아요, 어떻게 결정해야 하나요?"

"이론적으로는 납입기간을 최대한 늘려 가입하는 것이 이익입니다. 보통 보장이 크고 비싼 담보(사망보험금, 암 진단비 등)의 경우 한 번 보험금을 지급 받으면 해당 보장은 사라지게 됩니다. 다시는 보험금을 타 먹을 수 없다는 얘기죠. 자연히 해당 담보의 보험료도 면제됩니다. 보험 상품마다 특정 질병에 걸리거나 후유장해를 입으면 앞으로 내야 할 보험료 전체가 면제되는 경우도 있구요. 어차피 내는 돈이 같다면 최대한 보험료를 적게 내고 보험금을 타면 이익이기 때문에 최대한 늘려서 가입하는 것이 가장 유리하다는 겁니다.

하지만 현실상 무작정 길게 갈 수도 없습니다. 60~70세가 돼서도 보험료를 납입해야 한다면 부담이 되기 때문에 돈을 벌 수 있는 나이도 충분히 고려해야 합니다. 결론은 은퇴나이를 고려해서 최대한 길게 설정하는 것이 가장 효율적인 선택이라는 겁니다."

"이해가 되시나요?"

"네, 이 부분은 기본적인 내용인 것 같아 그래도 좀 이해가 됩니다."

```
* 기본용어정리
 • 담보; 보험을 구성하는 각각의 항목
   ex) 암진단비, 골절진단비, 화상진단비
 • 납입기간; 말그대로 보험료를 납부하는 기간
 • 만기; 보장이 끝나는 기간
```

담보, 납입기간과 만기- 증권분석

지금부터는 준비하라고 했던 증권을 보면서 자신의 보험이 어떤 내용인지 하나하나 분석해보겠습니다.

가장 기본적인 납입기간과 만기입니다. 정말 간단한 건데도 고객들에게 "기존에 가입한 보험이 몇 년 납인가요? 보장은 언제까지인가요?"라고 질문하면 확실하게 대답하시는 분이 거의 없습니다. 아래 표를 보겠습니다.

● 피보험자 사항 (1/1)

피보험자	이경제(31세)	계약자와의 관계	기타
기존계약 보험기간	20년납 / 69년만기(100세만기)	직업급수	1급 / 보험설계사(당사)(42302)

기본계약보험기간을 보면 20년납 100세 만기로 되어 있습니다. 세부담보마다 만기는 다 다르지만 일단 기본계약이 100세 만기라는 것은 이 보험 자체가 100세까지 간다는 뜻입니다.

이건 보통 증권의 맨 위에 명시되어 있습니다.

담보명	가입금액(원)	보장내용	납기/만기	보험료(원)
(기본)상해후유장해	1,000,000	상해사고로 후유장해가 발생한 경우▶80%이상 후유장해시: 보험가입금액 지급 ▶80%미만 후유장해시: 보험가입금액×지급률 지급	20년/100세	37
상해사망	50,000,000	상해사고로 사망한 경우 보험가입금액 지급	20년/100세	4,050
갱)상해수술비	300,000	상해의 직접결과로서 수술을 받은 경우 보험가입금액 지급 ★ 3년 만기자동갱신특약담보		593
중증화상·부식진단비	10,000,000	상해의 직접결과로써 중증 화상 및 부식(화학약품 등에 피부 손상)으로 진단 확정시 보험가입금액 지급 (최고회한)	20년/80세	83
중대한특정상해수술비	3,000,000	상해사고로 뇌손상 또는 내장손상을 입고 상해발생으로부터 180일 이내에 그 치료를 직접적 목적으로 입원하여, 개두수술, 개흉수술, 또는 개복수술을 받은 경우 보험가입 금액 지급	20년/80세	420
강력범죄(일상생활중)	3,000,000	일상생활중 살인, 상해와 폭행, 강간, 강도, 폭력 등의 강력범죄사고로 사망하거나 신체 피해가 발생하였을 경우 사고 1회당 보험가입금액 지급▶단, 살인, 상해와 폭행, 폭력 등은 1개월 초과하여 의사의 치료를 요하는 신체상해를 입은 때에만 보상함	20년/80세	129

세부담보들의 납입기간과 만기는 각 담보의 뒤쪽에 쓰여있습니다. 위의 표에서 보면 위쪽 2개 담보는 20년납 100세 만기입니다. 20년 동안 옆에 쓰여있는 보험료를 납입하고 보장은 100세까지 받는다는 거죠. 아래 3개의 담보는 20년납 80세 만기입니다. 이것 역시 20년 동안 납입을 하고 보장은 80세까지 받는다는 겁니다. 각자의 증권에 대부분 세부담보마다 이렇게 납입과 만기가 명시되어 있습니다. 가장 기본적인 내용이니 꼭 확인하셔서 자신의 보험이 기본적으로 얼마 동안 납입하고 언제까지 보장받는지 알아두셔야 합니다.

제가 질문 한 번 해보겠습니다. 자신 있게 대답해주세요.

"고객님의 보험은 몇 년 납인가요? 보장은 언제까지인가요?"

• 갱신형 담보와 비갱신형 담보

"그럼 다음으로 처음에 말씀드린 담보에 대해서 좀 더 구체적으로 설명해 드리겠습니다. 혹시 갱신형 담보와 비갱신형 담보에 대해서 들어보셨나요?"

그래도 갱신, 비갱신은 TV 광고에서 많이 봤었기 때문에 나름대로 자신 있게 대답했다.

"네, 그건 저도 많이 들어봤죠. 전 갱신형은 싫어요. 보험료가 많이 올라가니까요. 비갱신형으로 가입하고 싶어요."

"많은 사람이 그렇게 얘기하죠. 하지만 무조건 좋고 나쁜 건 없습니다. 갱신이라는 건 보험료의 재계산을 의미합니다. 그때 시점에서 다시 가입하는 것과 똑같은 거죠.
그러므로 갱신형이 흔히 아는 것처럼 무조건 인상되는 게 아닙니다. 갱신 시점의 상황에 맞춰 다시 보험료를 책정하기 때문에 오를 수도 있고 내릴 수도 있는 겁니다."

이 사람은 항상 내 예상을 벗어나는 얘기를 한다. 이 부분은 그래도 주워들은 게 있어서 맞출 거로 생각했는데 또 내 생각과는 전혀 다른 방향의 얘기를 했다.

"처음 들어보는 얘기네요. 전 무조건 오르는 줄로만 알았어요. 그래서 갱신형 담보를 싫어했구요."

"좀 더 얘기해볼게요. 우리가 가입하는 보험의 담보들은 무조건 갱신형으로만 가입해야 하는 담보(ex. 실손의료비) 몇 가지를 제외하고는 모든 담보가 **갱신, 비갱신 선택이 가능**합니다. 그렇기 때문에 두 가지 담보의 특징을 정확하게 이해하시고 가입을 하셔야 하는데요.

먼저 비갱신형 담보를 보면, 비갱신형 담보는 한 번 정한 보험료가 변동되지 않는 담보입니다. 지정한 납입기간 동안 보험료를 납부하고 보험이 만기가 되는 시점까지 보장받습니다. 예를 들어 암 진단비를 20년납 100세 만기 비갱신형으로 가입했다면 20년 동안 매월 같은 보험료를 납부하고 100세까지 보장받을 수 있다는 얘기입니다.

이와 달리 갱신형 담보는 가입 시 정해진 주기마다 보험료가 변동됩니다. 예를들어 암 진단비를 3년납 3년 만기 갱신형으로 가입했다면 최초 3년 동안은 처음 보험료로 납입하고 다음해 부터는 매 3년마다 변동되는 보험료로 보장받고 싶은 나이까지 납입하면 됩니다. 기본계약의 만기까지 갱신할 수 있는거구요."

"그럼 뭐가 좋은건가요?"

"처음에도 말했지만 좋고 안 좋고는 없습니다. 하지만 갈수록 각종 질병의 발병률이 높아지기 때문에 진단비는 인상될 확률이 높고, 평균수명이 늘어나면서 정해진 기간 내에 사망할 확률은 줄어들기 때문에 사망보험금은 인하될 확률이 높습니다. 그래서 이론적으로는 사망담보는 갱신형으로, 생존담보는 비갱신형으로 하는 것이 가장 효율적입니다. 하지만 보험이라는 상품이 워낙 장기상품이고 미래라는 것이 예측하는 대로만 흘러가지는 않기 때문에 많은 분이 비갱신을 선호하는 겁니다."

이제야 갱신과 비갱신에 대해서 조금 이해가 되기 시작했다. 갱신이란 말 자체가 쉽게 얘기하면 '새로 고침'이란 얘긴데 난 왜 무조건 오른다고 생각했을까? 이경제 씨의 말대로 재계산이 정확한 표현이었다.

"비갱신담보가 갱신담보보다 보험료가 훨씬 비싼 건 사실입니다. 하지만 무작정 70년 동안 갱신하면서 보험료를 낼 수는 없기 때문에 보험을 설계할 때는 우선 가입하고 싶은 담보와 보장 금액을 전부 비갱신으로 선택하고 그 보험료가 납입 가능한 범위면 그대로 진행, 너무 보험료가 비싸면 갱신형과 혼합하시면 됩니다."

(갱신형담보와 비갱신형담보에 대한 자세한 설명은 5장 225페이지 '갱신형담보와 비갱신형담보' 참고)

"좀 이해가 되시나요?"

"네. 완전히는 아니지만, 어느 정도 이해가 가네요. 그냥 갱신형은 나쁘고 비갱신형은 좋다고 생각했는데 그게 아니었네요."

"네. 그렇습니다. 이제 보험에 대한 기본적인 용어나 개념은 어느 정도 설명이 끝났구요. 보험업계에 대한 얘기를 본격적으로 시작해보도록 하겠습니다."

chapter. 1

　＊ 갱신형담보와 비갱신형 담보

　　◦ 갱신형; 일정주기마다 보험료 변동
　　　　무조건 오르진 않음
　　　　만기까지 계속납입·초기보험료 저렴.

　　◦ 비갱신형; 보험료 변동 없음·초기보험료 비쌈
　　　　설정기간동안 납입, 만기까지 보장

Chapter. 2

　＊ 갱신형 담보의 보험료 결정요인

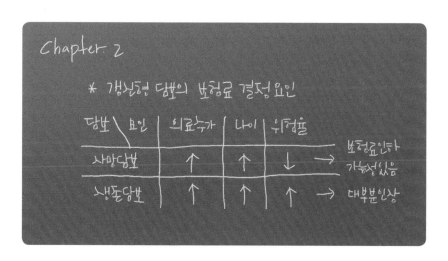

담보 \ 요인	의료수가	나이	위험률	
사망담보	↑	↑	↓	→ 보험료인하 가능성있음
생존담보	↑	↑	↑	→ 대부분인상

여기서는 내 보험이 갱신형인지 비갱신형인지, 아니면 두 가지가 혼합되어 있는지 확인해보도록 하겠습니다.

담보	가입금액	납입/만기	보험료
암진단비	10,000,000원	20년/100세	10,080원
암진단비	10,000,000원	20년/80세	8,180원
갱)암진단비(100세만기)	10,000,000원	3년/3년갱신 (최대100세만기)	225원
갱)암진단비(80세만기)	10,000,000원	3년/3년갱신 (최대80세만기)	225원

갱신인지 비갱신인지도 담보 설명 옆의 납입기간/만기를 보면 쉽게 구분할 수 있습니다. 위의 암 진단비 두 개는 20년/100세, 20년/80세로 되어 있습니다. 보험료는 각각 10,080원과 8,180원입니다. 20년 동안 10,080원, 8,180원을 고정으로 납입하고 100세, 80세까지 보장받는다는 뜻입니다. 비갱신이라는 거죠.

아래의 두 개가 갱신형입니다. 3년/3년 갱신(최대 100세 만기) 혹은 3년납/3년 만기(최대 100세 만기)라고 표기되어 있습니다. 3년 동안 225원을 납입하고 3년 동안만 보장받는다는 뜻이 아니라 3년 뒤에 보험료가 재계산된다는 뜻입니다. 가입 후 3년 동안은 225원을 내겠지만 3년 후에는 500원을 낼 수도 있고 100원을 낼 수도 있는 겁니다. 보험료는 '최대 100세 만기'는 100세까지 납입하는 거고, '최대 80세 만기'는 80세까지 납입하는 겁니다. 이렇게 생긴 담보가 갱신형입니다. 구분하기 어렵지 않죠?

2교시 업계 선택

- **생명보험사? 손해보험사?**

삼십 분 정도 폭풍 같은 설명이 설계사의 입에서 쏟아져 나왔다. 오프닝이 삼십 분이라니, 끝나려면 훨씬 긴 시간이 예상됐지만 지루하지 않았다. 오히려 처음 들어본 얘기들로 인해 재미있다는 생각마저 들었다. 만나기 전에는 만나고 싶지 않고 그냥 대충 끝내고 싶었는데 설명을 들으면 들을수록 흥미가 생기기 시작했다. 그래도 업무 후에 만나는 거라 피곤함은 어쩔 수 없었다. 아메리카노를 한 모금 들이키고 다시 설명을 듣기 시작했다.

"이제 시작이라구요? 벌써 삼십 분이 지났는데 아직 본론도 못 들어갔다니, 예전 같았으면 벌써 가입하고 집에 갈 시간이네요. 허허."

"그렇죠. 하지만 보험이라는 상품이 굉장히 비싼 상품이고 자산관리 측면에서도 매우 중요한 기능을 하기 때문에 삼십 분만에 결정 나는 게 더 이상한 거죠."

"우리나라에 보험회사가 대략 몇 개 정도 되는지 아시나요?"

"잘은 모르지만, 광고는 엄청나게 많이 하는 것 같던데."

"그렇죠. 요즘 TV 채널 돌리다 보면 보험광고가 안 나오는 시간대가 거의 없죠. 그만큼 보험회사도 많고 상품도 많아요. 회사는 손해보험사, 생명보험사 합해서 대략 30개~40개 정도구요, 회사마다 상품이 수십 가지니 우리나라에서 판매하고 있는 보험 상품은 사람을 대상으로 하는 보험만 해도 몇백 가지는 될 거예요. 그래서 상품으로 설명하기 시작하면 한도 끝도 없는 거죠. 하지만 업계별로 분류해보면 딱 두 가지, 생명보험사와 손해보험사밖에 없습니다. 처음은 이 두 보험업계의 이해부터 시작하는 겁니다. 혹시 차이를 아시나요?"

휴일에 가끔 집에서 TV를 보면서 보험이 많기는 많구나, 생각했었지만 눈여겨본 적은 한 번도 없었다. 홈쇼핑에서 보험이 나오면 얼른 돌리기 바빴다.

"차이라… 다 똑같은지 알았는데 당연히 구분을 못 하죠."

"구분하는 방법은 아주 쉽습니다. 보험회사 이름 뒤에 ○○생명이라고 붙으면 전부 생명보험사, 그 외는 모두 손해보험사라고 생각하면 됩니다."

"간단한 거였군요. 워낙 관심이 없다 보니…"

"생명보험사와 손해보험사는 담보의 구성에는 별 차이가 없습니다. 생명보험사에 있는 중요한 담보는 대부분 손해보험사에도 다 있고 반대로 손해보험사에 있는 중요한 담보도 생명보험사에 거의 다 있습니다. 그래서 담보의 종류로만 볼 때는 별반 차이가 없다고 보면 됩니다."

"그러면 둘 다 비슷한 거 아닌가요? 어차피 있을 담보는 다 있겠다, 아무 쪽에나 가입해도 상관없는 것처럼 보이는데요."

"겉으로 보기에는 그렇죠. 하지만 두 업계의 주력담보가 서로 다릅니다. 이름에서도 볼 수 있듯이 생명보험사는 생명을 담보로 하는 사망담보에 중점을 두고 있고, 손해보험사는 생존담보에 중점을 두고 있습니다. 그렇다 보니 사망담보는 생명보험사가 보장범위가 더 넓고, 생존담보는 손해보험사가 보장범위가 더 넓습니다."

"좀 더 자세히 설명해주세요. 생존담보야 그렇다 치더라도 사망담보야 그냥 죽으면 나오는 거니까 똑같은 거 아닌가요?"

"그렇게 생각하실 수도 있겠네요. 그럼 어떻게 다른지 사망보장의 차이부터 알려드리도록 하겠습니다. 원래 약관을 찾아서 비교해보면 가장 정확하지만, 책을 펴기 시작하면 더 머리가 아프니 그런 건 제쳐두고 그냥 이것만 기억하시면 됩니다. 생명보험사는 무슨 이유든 상관없이 사망하기만 하면 준다, 손해보험사는 아파서 사망하거나(질병사망) 다쳐서 사망하면(상해사망) 준다. 쉽죠? 그럼 한 가지 질문. 아파서 사망하는 것과 다쳐서 사망하는 것 외에 또 어떤 종류의 사망이 있을까요? 계속 사망 얘기 하니까 느낌이 좀 그러네요. 하하."

"음, 선뜻 떠오르지 않네요. 자연사?"

"자연사는 보통 심근경색 진단을 받기 때문에 아파서 사망하는 걸로 간주합니다."

"그런가요? 그 외에는 지금 생각나는 게 없어요."

"네, 제가 알려드리겠습니다. 지금부터 말씀드리는 부분이 약관에 명시되어 있는 부분인데요. 손해보험사의 약관에 보면 **자살, 출산, 전쟁, 혁명, 내란, 폭동, 위험한 취미생활** 등으로 보험금 지급 사유가 발생했을 때는 보험금을 지급하지 않는다고 나와 있습니다. 위의 내용은 아파서 사망하거나 다쳐서 사망하는 것과 조금은 느낌이 다르죠? 그렇기 때문에 손해보험사에서는 사망보험금을 받을 수 없지만 생명보험사는 사망보험금을 받을 수 있습니다. 단, 자살의 경우는 가입 후 2년이 지나야 사망보험금을 받을 수 있습니다."

"그리고 또 하나. 생명보험사는 원하면 사망보험금의 보장기간을 종신으로 가입할 수 있지만, 손해보험의 경우 현재 출시된 상품 기준으로 상해사망은 110세, 질병사망은 80세까지만 보장됩니다. 손해보험 상품에 사망보험금을 가입하고 암이 원인이 되어 90세 정도에 사망했다면 사망보험금은 받을 수 없다는 얘기입니다. 사망담보의 경우 생명보험사가 사망보장의 범위나 기간에서 손해보험사보다 더 폭넓다는 걸 아시겠죠?"

"네, 이건 명확하게 알 것 같네요. 그럼 생존담보는 어떤 차이가 있나요?"

"생존담보는 종류가 워낙 많아서 일일이 다 말씀드릴 수 없지만 몇 가지 예를 들면 뇌 질환 진단비의 경우 생명보험사는 대부분 뇌경색은 보장해주지 않습니다. 암의 경우에도 많은 생명보험사가 유방암, 생식기암, 대장점막내암은 소액암으로 분류해서 가입금액의 10% 또는 20%만 지급합니다. 그리고 사망담보는 갱신형이나 비갱신형을 선택할 수 있지만, 생존담보는 대부분 갱신형이어서 차후에 오를 확률이 높은 생존담보를 비갱신으로 가입할 수가 없습니다. 선택의 여지가 없다는 거죠."

어렴풋하게나마 감이 잡히고 있었다.

"아 네, 이제 생명보험사와 손해보험사가 조금 구분이 되네요. 어쨌든 사망담보는 생명보험사가 보장범위가 더 넓고, 생존담보는 손해보험사가 보장범위가 더 넓다, 이렇게 생각하면 된다는 거죠?"

"네, 맞습니다. 그래서 보험업계를 선택하실 때는 사망보험금의 보장범위를 고려해서서 결정하시면 됩니다. 자살이나 전쟁, 테러 같은 상황에서도 보장을 받겠다는 생각이 있으면 사망담보는 생명보험사의 정기보험이나 종신보험으로, 생존담보들은 손해보험사의 통합보험으로 가입하면 되구요, 굳이 나는 그런 상황은 보장받을 필요가 없다고 생각하면 그냥 손해보험사의 통합보험으로 사망담보와 생존담보를 전부 가입하면 됩니다."

"이대충 씨는 어떤 쪽이 더 마음에 드시나요?"

"음··· 정확히는 좀 더 생각해봐야겠지만 지금 언뜻 드는 생각으로는 생명보험사와 손해보험사에 골고루 가입하는 게 좋겠다는 생각이 드네요. 남자다 보니 나중에 가족을 책임져야 하잖아요. 그러니까 전쟁이나 테러 같은, 확률이 적은 상황에서도 보장을 받아야 한다고 생각하거든요. 그래서 사망담보는 생명보험사에 가입하고 생존담보는 손해보험사에 가입하면 좋을 것 같아요."

"네, 그것도 맞는 말입니다. 어느 정도 이해를 하신 것 같으니 다음 단계로 넘어가 보도록 하겠습니다."

(생명보험사와 손해보험사에 대한 자세한 설명은 5장 229페이지 '생명보험사? 손해보험사?' 참고)

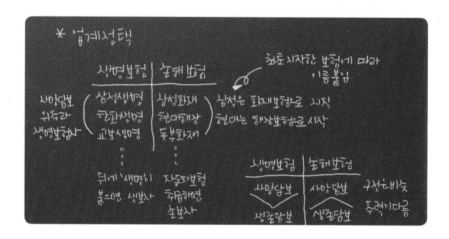

생명보험사? 손해보험사?- 증권분석

이번 단계는 매우 간단합니다. 증권의 아래쪽이나 모서리 쪽을 찾아보면 보험회사 이름이 쓰여 있습니다. ○○생명이면 생명보험사. 그 외에는 손해보험사입니다. 내가 가입한 보험이 어떤 업계의 상품인지만 봐도 내 성향과 맞게 가입했는지를 일차적으로 알아볼 수 있습니다.

보험에 가입하는 주된 목적이 사망 후의 보장이면 생명보험사, 살아있을 때의 보장이라면 손해보험사. 어렵지 않죠? 내 성향에 맞게 잘 가입했는지 보험회사의 이름을 보면서 판단해보세요.

생명보험사 = 사망보장
손해보험사 = 생존보장

3교시 담보 선택

• **사망보험금**

　"이대충 님께서 보험업계를 선택했다면 이제는 보험 상품 안에 어떤 담보가 있는지 그리고 그중에 어떤 담보가 중요한지 파악하는 게 필요하겠죠?"

　"그래서 질문 한 가지 드리도록 하겠습니다. 제가 서두에 자신이 필요한 담보를 선택해서 가입하는 것이 보험이라고 말씀드렸습니다. 그럼 이대충 님에게 필요한 담보는 뭐가 있을까요?"

　"글쎄요… 깊이 생각해본 적은 없지만, 사람들 얘기를 들어보면 실비보험이나 암보험이 필요하지 않을까 싶은데요."

"네 맞습니다. TV 광고에도 보면 가장 많이 광고하는 게 암보험이나 실비보험입니다. 하지만 그것 외에도 몇 가지 필요한 담보가 더 있는데요. 그 두 가지를 포함에서 사망보험금, 암 진단비, 뇌 질환 진단비, 심장질환 진단비, 실손의료비, 그리고 추가적인 몇몇 진단비와 수술비 담보 등입니다. 항목 수로 따지면 사람마다 다르겠지만 약 30~50가지 정도입니다."

"사망이나, 암, 실비 정도는 알겠는데 나머지도 꼭 가입해야 하는 건가요? 그리고 몇몇 진단비와 수술비 담보는 어떤 걸 얘기하나요?"

"일단 천천히 하나씩 알려드릴게요.

먼저 사망보험금입니다. 이대충 님, 사망보험금이 필요하다고 생각하세요?"

"네, 가족들을 위해서는 있어야겠죠?"

"그럼 사망보험금의 기능은 뭘까요?"

"글쎄요… 제가 사망을 하게 되면 수입이 없어지니까 그걸 대체해주는 것?"

"네, 맞습니다. 사망 시 남은 가족을 위한 보험금이 사망보험금이
죠. 근데 이 사망보장 컨설팅을 할 때 굉장히 중요한 한 가지가 있는
데 바로 **보장기간 설정**입니다."

"보장기간이요?"

"네, 보장기간. 보통 사망보험금의 필요성에 대해서는 광고에서나 설
계사들이 많이 강조하지만, 기간에 대해서는 크게 강조를 하지 않습
니다. 사망보험금은 꼭 보장기간을 두 구간으로 나눠서 생각하셔야
합니다. 두 구간을 나누는 기준은 자녀의 독립 혹은 본인의 은퇴 시
점이구요. 자녀의 독립이나 은퇴 이전의 사망보험금을 **조기 사망대비
사망보험금**, 그 후의 사망보험금을 **상속준비금**이라고 생각하시면 됩
니다. 달리 얘기하면 내가 사망을 했을 때 가정에 경제적으로 문제가
생긴다면 조기 사망 구간이라고 생각하시면 되고, 경제적으로 큰 문
제가 생기지 않는다면 상속구간이라고 생각을 하시면 됩니다."

"그렇군요. 그런데 조기 사망 구간과 상속준비 기간을 나눠서 생각
하는 이유가 있나요?"

"질문 잘하셨습니다. 조기 사망 구간과 조기 사망 이후의 구간을

나누는 이유는 사망보험금의 기능이 다르기 때문입니다. 그것에 따른 보험료 차이도 크구요. 좀 생뚱맞을 수도 있지만 여기서 **보험의 기능**을 한 번 짚어보고 넘어가겠습니다. 보험은 재무설계의 한 부분입니다. 재무설계라는 것이 흔히 생각하기에는 돈을 불리는 것으로만 생각하기 쉬운데 보험 역시 재무설계에 포함되어 있고 중요한 기능을 하고 있습니다. 보험은 재무설계 측면에서 어떤 역할을 할까요?"

"재무설계 측면에서요? 저는 그냥 보험은 아프면 큰돈 나가니까 그거 때문에 가입하는 거라고만 생각하고 있어서 이론적으로는 잘 모르겠네요."

"잘 모른다고 하셨는데 사실은 정확히 알고 계신 겁니다. 좀 전에 말씀하신 내용을 정리해서 얘기해보면 보험은 '우리의 자산을 항상 제로로 유지해 주는 역할을 하는 금융상품'이라고 정의할 수 있습니다. 우리가 내는 보험료는 그 역할을 대가로 지불하는 비용이구요. 쉽게 얘기해서 우리 돈을 지켜주는 경비원이라고 생각하시면 됩니다. 우리는 경비비를 지불하는 거구요."

'음... 우리돈을 지켜주는 경비원이다...'

"그렇게 얘기하시니까 좀 이해가 되네요."

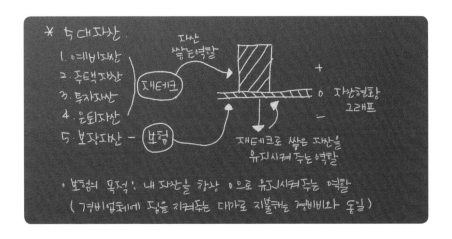

"네. 그럼 이 이론적 내용을 토대로 다시 사망보험금에 관해서 얘기
해보도록 하겠습니다.

만약 자녀가 독립하기 이전, 개인적으로는 은퇴 이전 열심히 직장생
활을 하는 중에 사망한다면 이대충 님 가정의 자산은 어떻게 될까요?"

"들어가야 할 데는 많은데 제가 돈을 벌어다 주지 못하니까 마이너
스가 되지 않을까요?"

"네, 맞습니다. 사망은 평생 벌어들일 수입이 끊기는 것을 의미합니
다. 그렇다 보니 자녀가 독립하기 전, 조기에 사망하게 되면 심각한

마이너스 상황이 오는 거죠. 그때 사망보험금이 그 마이너스를 제로까지 끌어올려 주는 역할을 하는 겁니다. 사망보험금으로 나오는 돈을 다 소비한다는 얘기죠.

그러면 자녀가 독립한 후, 혹은 직장을 은퇴하고 연금을 수령하면서 생활하고 있을 때(보통 두 시기는 거의 비슷하게 찾아옴)는 사망을 하게 되면 가정의 자산은 어떻게 될까요?"

"음… 그때는 자녀한테 나가는 돈도 없고 제가 버는 것도 없으니까 특별히 변화가 없을 것 같은데요?"

"네, 정확하게 보셨습니다. 슬픈 얘기지만 금전적으로만 생각했을 때는 입이 하나 줄었기 때문에 오히려 자산이 늘어날 수도 있는 상황입니다. 그때 만약 사망보험금이 나온다면 그건 제로의 역할을 하는 게 아니라 가정의 자산을 플러스시켜 주는 역할을 하는 거죠. 그래서 실제로 자녀독립 후의 사망보험금은 보험의 이론적인 내용만 생각할 때는 조금 맞지 않는다고 볼 수 있습니다.

상품으로 분류 해보면 조기 사망만 보장해주는 상품이 정기보험, 조기 사망과 상속 둘 다를 보장해주는 상품이 종신보험이라고 보시면 됩니다."

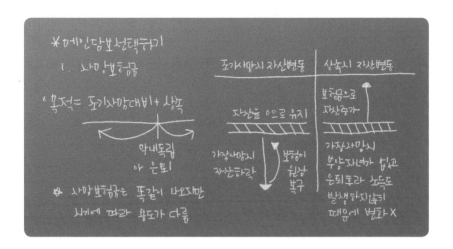

"자, 그럼 이대충 님은 사망보험금을 어떻게 준비해야겠단 생각이
드시나요?"

애초에 생각해본 적이 없었던 부분이었기 때문에 답변하기가 어려
웠다.

"글쎄요. 한 번도 생각해본 적이 없어서요. 단순하게 내가 사망을
했을 때 가족을 위해서 어느 정도 준비해야 하지 않을까, 정도만 생각
했었거든요."

"그럼 제가 설명한 내용을 토대로 지금 한번 생각을 해볼게요. 쉽게
생각하시면 됩니다.

조기 사망 구간만 준비를 하실 건가요? 아니면 조기 사망과 상속 둘 다 준비를 하실 건가요?"

"여유가 된다면 물론 둘 다 준비하고 싶지만, 보험으로는 최소한의 준비만 해야 하지 않을까 싶네요."

"네, 그렇죠. 일단은 그럼 조기 사망 구간에 대해서 좀 더 세부적으로 들어가 볼게요. 설계가 마무리되고 금전적으로 여유가 된다면 조기 사망 이후의 얘기도 해보겠습니다.

(만약 상속까지 함께 준비하고 싶다면 5장 234페이지 '사망보험금 설계' 참고)

이대충 님이 사망했을 때 경제적으로 아무런 문제가 생기지 않는 나이가 언제일까요?"

"음… 잘 생각을 해 보지 않아서요. 어떻게 정해야 하나요?"

"정리를 한번 해볼게요. 이대충 님 지금 나이가 30세입니다. 아직 미혼이신데 결혼은 언제쯤 하실 생각인가요?"

"글쎄요, 정확히는 모르겠지만 그래도 35세 이전에는 하지 않을까요?"

"네, 그럼 35세 이전에 결혼한다고 가정을 하구요, 자녀는 몇 명 정도 생각하고 계신가요?"

"그것도 벌써 결정하긴 좀 어려운데… 두 명 정도요?"

"변수가 있긴 하겠지만, 일단은 35세 이전에 결혼을 하고 자녀는 2명 정도 가진다는 가정하에 얘기를 진행해 보도록 하겠습니다.
이대충 님은 아이들에게 경제적인 지원을 언제까지 해주실 생각이신가요? 고등학교만 졸업하면 끝이라든가, 그래도 대학까지는 졸업시켜줘야 한다든가… 생각해 보신 적 있으세요?"

"네. 적어도 대학 졸업까지는 부모가 지원을 해줘야 한다고 생각합니다."

보험 상담받으면서 별 얘기를 다 한다는 생각이 들었다. 나이 30에 벌써 결혼에, 자녀에, 자녀독립까지. 얘기하다 보니 뜻하지 않게 내 미래를 술술 얘기하고 있었다. 보험을 왜 '인생을 설계하는 상품'이라고 얘기하는지 좀 알 것 같았다.

"그러면 대략 35세에 막내가 태어나서 대학까지 졸업하려면 25년 정도가 걸리겠네요. 이대충 님 나이로는 60세 정도가 되면 아이가 대학을 졸업할 거고 그 후에는 경제적으로 지원을 해주지 않아도 자녀들의 생활에 큰 지장이 없겠죠?"

"네. 그렇죠."

"그렇게 되면 이대충 님의 조기 사망에 대비한 사망보험금 만기는 60세가 되는 겁니다. 동의하시나요?"

"네, 그 정도까지면 될 것 같네요."

"그럼 사망 시 가족을 위해 남겨주는 금액은 어느 정도가 좋을까요?"

"많으면 좋겠지만, 사망보험금에 대해서는 진지하게 생각해본 적이 없어서 아예 감이 잡히지 않네요. 얼마를 해야 적당한 건가요?"

"이론적으로는 창업비용 정도나 연봉의 3년 치 정도를 준비해야 한다고 합니다. 하지만 적당한 금액이란 건 개인마다 차이가 있으니 직접 설계를 해 보면서 금액을 보고 결정을 하셔야 합니다. 그러면 지금까지 얘기한 내용을 토대로 실제 설계를 해보겠습니다."

그러면서 이경제 씨는 노트북을 켜고 보험을 설계할 수 있는 프로그램을 화면에 띄웠다.

프로그램 로딩중 ...

"아. 지금 설계를 해보는 건가요? 신기하네요. 저는 보험이 이렇게 직접 설계를 할 수 있는 건지 몰랐어요. 그전에는 설계서를 뽑아 와서 그냥 가입만 했거든요."

"네, 당연히 자신의 보험은 자기가 설계를 직접 해보고 결정을 하셔야 합니다. 이게 설계사들이 쓰는 프로그램인데요. 사망을 보장해주는 정기보험은 아까 저에게 말씀해주신 대로 모든 사망에 대해 보장을 받을 수 있는 생명보험사의 상품으로 설계해보겠습니다."

"네, 알겠습니다."

가입상품	가입금액	보험기간	납입기간	보험료
정기보험	10,000 만원	60세 만기	20년 납	31,000 원

화면에 보시는 바와 같이 회사마다 조금씩 차이는 있겠지만 대략 1억에 3만 원(20년납) 정도의 보험료가 나온다고 생각하면 될 것 같네요. 비갱신이구요."

"그렇군요. 근데 이것만 보고는 얼마를 하는 게 맞는지 모르겠네요. 1억 정도면 되지 않나요?"

"일반적으로 창업비용을 고려한다면 1억 5천 정도는 있어야 한다고 얘기합니다. 하지만 지금 나이가 30세이고 시간이 갈수록 돈의 가치는 떨어지기 때문에 제 개인적인 생각으로는 최소 1억, 가능하면 2~3억 정도는 가입해야 한다고 생각합니다. 우선은 이 정도만 기억하시고 다음 담보로 넘어가 보도록 하겠습니다."

"네 그렇게 하죠."

사망보험금- 증권분석

잘 따라오고 계신가요? 이대충 씨에게 설명한 사망보험금의 목적을 다시 한 번 떠올려봅시다. 여러분은 조기 사망 대비 사망보험금만 필요하다고 생각하나요? 상속준비금까지 필요하다고 생각하나요? 여러분의 나이와 막내의 독립시기를 계산해본 다음, 가입한 보험의 사망보험금 만기를 확인해보면 됩니다.

가입상품	가입금액	보험기간	납입기간	보험료
정기보험	10,000원	60세만기	20년납	31,000원

가입한 보험의 증권에 이렇게 표기되어 있으면 생명보험사의 정기보험에 가입한 겁니다. 60세 만기로 설정되어 있으니까 60세 이전에 사망하면 1억이 나오고 그 이후에 사망하면 사망보험금이 나오지 않습니다.

담보	가입금액	보험기간	납입기간	보험료
상해사망	10,000원	70세만기	20년납	6,700원
질병사망	10,000원	70세만기	20년납	36,400원

상해사망과 질병사망이 따로 보험 안에 들어가 있으면 손해보험사의 통합보험 안에 있는 사망보험금을 가입한 겁니다. 여기서 한 가지 짚고 지나가야 할 것은 상해사망과 질병사망에 대한 정리입니다.

사망할 확률 = 상해사망(15%) + 질병사망(85%)

보험료 차이(약 6배)에서도 볼 수 있듯이 질병으로 사망할 확률이 월등히 높습니다. 그러므로 손해보험에 사망보험금을 가입했다면 질병사망 기준으로 사망보험금을 얘기해야 합니다. 상해사망을 5억 가입했다고 '나는 죽으면 5억 나와'라고 얘기하는 건 틀린 말이라는 거죠.

다음은 종신보험입니다. 증권은 보통 이렇게 생겼습니다.

상품종류	(무) 종신보험	납입방법		월납	
가입금액	10,000만원	보험기간/납입기간	종신	20년납	

가입상품	가입금액		보험기간	납입기간	보험료
주보험	주보험	10,000만원	종신	20년	142,000원

보험기간이 종신이죠? 위의 정기보험과 비교해보면 대략 10만 원 정도의 보험료 차이가 납니다. 엄청나게 많은 차이가 나기 때문에 사망보험금의 만기를 설정하는 것이 중요하다는 겁니다.

여러분의 보험은 종신보험인가요? 정기보험인가요?

조기사망 = 정기보험, 조기사망 + 상속 = 종신보험입니다.

• 실손의료비

실제 설계를 같이 해보니 진짜 신기했다. 명함에 있는 '내가 스스로 설계하는 보험'이 뭔지 이제 좀 알 것 같았다.

"다음은 실손의료비입니다."

" 실손의료비가 뭔지 아시나요? "

'이 설계사, 진짜 질문 많이 한다. 내가 알면 당신한테 이런 설명 듣고 있겠냐고.'

"실비 얘기는 많이 들어봤지만, 정확히 어떤 건지는 모르겠네요."

"네. 그럼 제가 실비는 어떻게 보상해주는 건지 자세히 설명하겠습니다. 실비는 실손의료비를 줄여서 얘기하는 건데요. 상해나 질병으로 입원 혹은 통원했을 때 보상해주는 담보입니다.

먼저 입원의 경우 한 가지 질병 혹은 상해 당 1년에 5천만 원 한도로 보상해줍니다. 2009년 이전에는 입원 시 나온 병원비를 전부를 보상해주는 회사도 있었지만, 지금은 가입한 실비 상품의 유형에 따라 선택형은 급여90%, 비급여80%, 표준형은 급여80%, 비급여80%

에 해당하는 금액을 지급합니다. 예를 들어 병원비가 1,000만 원(급여500만, 비급여500만) 나왔다면 선택형은 급여 500만 원의 90%인 450만원과 비급여 500만 원의 80%인 400만원을 합해서 850만 원, 표준형은 급여, 비급여 구분 없이 1,000만원의 80%인 800만 원을 보상받습니다. (급여, 비급여는 진료비 영수증을 보면 구분되어 있습니다.)

여기서 간단한 산수문제 한 번 내볼게요. 실손의료비를 **선택형**으로 가입한 고객이 병원비가 3,000만 원(급여100%) 나왔다면 보험회사는 고객에게 얼마를 지불할까요?"

"음. 3,000만 원의 90%니까 2,700만 원을 주겠네요."

"병원비가 5,000만 원(급여 100%)이면요?"

"4,500만 원이죠."

"만약 실손의료비를 표준형으로 가입한 고객이 병원비가 5,000만 원(급여100%)이 나왔다면요?"

거참 단순한 걸 왜 자꾸 물어보는지 모르겠다.

"당연히 4,000만 원 주겠죠."

"네. 맞습니다. 원칙대로라면 그렇게 지급돼야 하죠. 이대충 씨가 만약 표준형으로 가입했는데 병원비가 5,000만 원 나와서 보험금으로 4,000만 원을 받았다면 어떤가요? 만족하시나요?"

"음… 생각해보니 병원비가 5,000만 원이 나오면 제가 1,000만 원을 내야 하네요. 그렇게 되면 보험이 좀 의미가 없어지는 거 아닌가요?"

"대충 씨 말이 맞습니다. 실비라는 것이 단순하게 병원비를 보상해주는 역할을 하지만 큰 틀에서 볼 때는 내 자산을 유지해 주는 역할을 하는 건데 1,000만 원을 내야 한다면 과연 이 보험이 내 자산을 유지해 준다고 할 수 있을까요? 누구든지 저 정도 금액이면 부담이 될 거라 생각합니다. 들고 있던 적금을 깨거나 대출을 받아야 할 수도 있구요."

"그럴 수 있겠네요. 병원비로 1,000만 원이라니 상상만해도 끔찍합니다."

"하지만 너무 걱정하지 마세요. 그렇게 고객에게 많이 부담을 시키면 보험이 아니겠죠? 설계사들이 고객한테 실손의료비를 팔기도 힘들구요. 그래서 보험회사에서는 **자기 부담금의 최대한도를 연 200만 원**으로 정해놨습니다. 아무리 많이 나와도 200만 원만 내면 된다는 얘기입니다. 그래서 병원비가 5,000만 원 나오면 4,000만 원이 아니라 4,800만 원을 지급하는 겁니다. 다행이죠?"

"아, 그런가요? 놀랐어요. 보험에 가입하고도 1,000만 원을 내야 하는 줄 알고. 200만 원만 내도 되면 아주 좋은 거네요. 그럼 만약에 병원비가 5,000만 원이 넘어가면 어떻게 되는 건가요? 그다음부터는 제가 내야 하나요?"

"그렇지 않습니다. **5,000만 원은 1년 기준(가입 시점 기준)**입니다. 만약 1년에 5,000만 원을 다 쓰게 되면 90일 이후 다시 5,000만 원이 부활됩니다. 거의 무한대로 쓸 수 있는 거죠."

"그렇군요, 그럼 실비만 있으면 웬만한 병원비는 거의 다 처리되겠네요."

"네, 맞습니다. 그래서 실비가 중요한 겁니다. 실손의료비 중 입원에 대한 얘기는 이 정도로 하구요. 다음으로 통원 시에는 어떻게 보상되는지 살펴보겠습니다. 통원은 외래의료비와 약제비로 나뉩니다. 쉽게 얘기해서 통원비와 약값입니다. **통원비는 선택형 기준으로 1일 최대 25만 원 한도**이고 자기 부담금은 병원 급수에 따라서 1만, 1만5천, 2

만 원 과 보상대상 의료비의 급여10%, 비급여 20%에 해당하는 금액의 합산액 중 큰 금액을 뺀 금액을 가입한도 내에서 보상해줍니다. 병원 급수는 원래는 복잡하지만 쉽게 의원급은 1급, 일반병원과 종합병원은 2급, 상급종합병원은 3급이라고 생각하시면 됩니다. 정확히 모르신다면 진료비 영수증에 표시돼 있으니까 확인해보시면 됩니다. **약값**의 경우 1일 **최대 5만 원** 한도이고 자기 부담금은 8,000원과 보상대상의료비의 급여10%, 비급여20%에 해당하는 금액의 합산액 중 큰 금액을 뺀 금액을 가입한도 내에서 보상해줍니다. 통원비와 약값 둘다 1년에 보상 가능한 최대한도는 180회구요. 여기까지가 실손의료비에 대한 설명입니다. 이해되시나요?"

"네, 막연하게 실비, 실비 해서 대충 알고 있었는데 이제야 좀 제대로 알 것 같네요."

※ 실손의료비 부분은 말로 하면 짧고 쉬운데 글로 써보니 너무 길어지네요. 아래 요점 정리한 내용을 보시고 이해하는 게 더 좋을 것 같습니다.

2. 실손의료비 (흔히 말하는 실비)

많은 사람들이 잘 비라고 알고 있는 보험은 대부분 통합보험임

• 입원비 : 선택형은 급여부분 90%, 비급여부분 80%
  표준형은 급여부분 80%, 비급여부분 80% 보상
  (365일동안 횟수 도전한도 한도. 자기부담 최대한도 년 200만원)

• 통원비 : 1회당 25만원 한도 내에서 자기부담금 공제후 지급
  (자기부담금 : 선택형기준 의원부분 1만원과 급여부분10%, 비급여부분20% 합산비중 큰금액)

• 처방조제비 : 1회당 5만원 한도내에서 자기부담금 공제후 지급
  (자기부담금 : 선택형기준 8천원과 급여부분10% 비급여부분20% 합산비중 큰금액)

"그렇죠. 그럼 실손의료비도 한 번 설계해볼까요?"

"네."

노트북에서 실손의료비 입원과 통원을 클릭하고 보험료 계산을 누르니 실손의료비에 대한 보험료가 화면에 나왔다.

	표준형 (자기 부담 20%)	선택형 (자기 부담 급여10%, 비급여20%)
상해입원	1,800원	2,100원
상해 외래25만 + 통원5만	300원	300원
질병입원	3,700원	4,200원
질병 외래25만 + 통원5만	1,600원	1,700원
합계	7,400원	8,300원

〈실손의료비 보험료 예시〉

"대략 이 정도의 금액이고 무조건 1년 갱신입니다."

"이대충 님은 표준형과 선택형 중에 어떤 걸로 가입하시겠어요?"

"아무래도 제가 부담하는 금액이 적은 '선택형'으로 하는 게 좋을 것 같네요"

"네. 그럼 실손의료비는 선택형으로 가입하는 걸로 하고 넘어가겠습니다."

실손의료비는 필수 중에도 필수 가입 담보입니다. 증권에 실손의료비라는 말이 있는지 먼저 확인합시다. 없다면 만사를 제쳐놓고 일단 가입해야 합니다. 설계사한테 전화하세요. 실비보험 가입하고 싶다고. 실비는 지금은 모든 상품이 똑같기 때문에 가입만 하면 됩니다.

다만 담보나 보상이 모두 똑같기 때문에 굳이 하위사 상품에 가입할 필요가 없습니다. 대기업과 중소기업이 같은 상품을 같은 가격에 판다면 당연히 대기업 상품을 사야죠. 그리고 실손의료비는 평생 갱신을 해야 하는 담보이기 때문에 재정적으로 탄탄한 기업의 상품에 가입해야 아무래도 인상될 확률이 낮습니다.

실손의료비에 가입된 분들은 가입날짜를 확인해야 합니다. 2009년 7월 이전이면 병원비를 100% 보상해주는 보험일 확률이 높습니다. 한도가 1억인 분들도 있을 거구요. 지금은 90%나 80%에 한도 5,000만 원이니까 훨씬 좋은 겁니다. 그런 건 건드리지 말고 잘 간직하고 계세요. 그런 실손의료비는 앞으로는 평생 보기 힘들 겁니다.

두 번째 확인해야 하는 게 만기입니다. 80세 만기인 상품도 있고 100세 만기인 상품도 있습니다. 제가 좀 전에 100% 보상해주는 실비는 아주 좋은 거라고 말씀드렸는데 만약 그게 만기가 80세라면 고민해볼 필요가 있습니다. 평균수명이 늘어나면서 병원비가 많이 들어가는 나이도 뒤로 점점 물러나고 있습니다. 그러므로 아무리 병원비를 100% 보상해준다고 하더라도 80세에 보험이 끝나버리면 말짱 도루묵입니다. 정작 병원비가 많이 들어가기 시작할 때 보험이 없어져 버리기 때문이죠. 개인적으로는 80세 만기인 분들은 100세 만기로 바꾸는 게 더 좋다고 생각합니다. 하지만 이건 제 생각일 뿐 최종결정은 여러분의 몫입니다.

마지막으로 가입금액을 확인해야 합니다. 5천만 원 이상이면 무난합니다. 어차피 지금은 5천 이상은 가입시켜주지도 않습니다. 근데 간혹 예전에 가입하신 분들을 보면 1,000만 원 정도만 가입된 분들이 있습니다. 그런 분들은 5천만 원짜리 실비를 추가 가입하면 됩니다.

• 3대 진단비

"다음은 3대 진단비입니다."

"3대 진단비요? 그건 뭔가요?"

"3대 진단비는 암, 뇌 질환, 심장질환 진단비를 얘기하는 겁니다."

"그렇군요. 제가 아까 얘기했던 암보험이 이건가 보네요."

"네, 맞습니다. 우선 진단비 설명을 하기 이전에 실손 보상과 정액 보상의 개념에 대해서 짚고 넘어가겠습니다. 혹시 두 가지를 구분할 수 있으신가요?"

" 글세요... "

사실 실손 보상과 정액 보상이 뭔지도 몰랐다. 구분은 더 말할 필요 있으랴.

"실손 보상이란 말 그대로 실제 손해 본 만큼을 보상해준다는 뜻이고 대부분 실손의료비를 보상받을 때 해당됩니다. 아까 설명했던 입원 의료비를 예로 들어 말씀드리면 표시된 가입금액은 5,000만 원이지만 입원했다고 해서 한 번에 5,000만 원을 주는 게 아니죠? 고객은 증권에 쓰여 있는 5,000만 원을 받는 게 아니라 실질적으로 나온 병원비에 대해서만 자기 부담금을 제외하고 보험금으로 지급 받게 됩니다. 이처럼 실질적으로 납부했던 금액에 대해서 보상을 해주는 것이 실손 보상입니다.

그러면 이 담보는 중복 보상이 될까요? 결론부터 말하자면 중복으로 보상되지 않습니다. 이유는 간단합니다. 실손 보상이라는 말이 실제 손해 본 금액을 보상해준다는 의미이기 때문에 당연히 내가 낸 병원비보다 많이 받을 수 없는 거죠. 그래서 두 개에 가입하게 되면 내가 낸 병원비를 두 번 받는 것이 아니라 반반씩 나눠서 받는 겁니다. 이해되시나요?"

"네, 그럼 실손 보상해주는 담보는 이 전에 가입돼 있는지 잘 확인해보고 가입해야겠네요?"

"네, 맞습니다. 그런데 요즘은 실손 보상되는 담보들의 중복 가입을 막아놓았기 때문에 가입하고 싶어도 하나 이상은 가입이 안 됩니다. 그 부분은 걱정하지 않으셔도 됩니다."

"네, 그렇군요. 이제 실손 보상은 이해가 정확히 되네요."

"다음으로 정액 보상은 말 그대로 정해진 금액을 보상해준다는 뜻입니다. 그렇기 때문에 실손 보상과 다르게 몇 개에 가입해도 중복으로 보상이 가능합니다. 예를 들어 A 회사에 암 진단비 1,000만 원, B 회사에 암 진단비 2,000만 원을 가입한 상태에서 암 진단을 받으면 A 회사에서 1,000만 원, B 회사에서 2,000만 원을 각각 지급 받습니다. 정해진 금액을 보상해주기로 약속했기 때문에 내가 병원비가 얼마가 나왔는지, 다른 회사에 가입한 암 보험이 있는지는 아무 상관이 없습니다."

> ＊ 상식한가지!
> < 중복보상과 비례보상 >
>
> ○ 실손의료비
>   실제 손해별 의료비를 보상
>   한마디로 낸 돈만 보상
>   → 당연히 중복보상 안됨
>
> ○ 진단비
>   어떤 진단을 받으면 보험금 지급
>   진단만 받으면 정해진 금액을
>   주기로 했기 때문에 당연히
>   중복지급
>   수술비, 사망보험금도 동일
>
> ＊ 결론적으로 실비빼고는 대박분 중복보상

"아, 말뜻만 제대로 알아도 구분할 수 있는 거군요. 그러면 암 같은 경우 몇 개에 가입하더라도 제가 가입하는 금액만큼 보장을 받는 거네요."

"그렇죠. 그러면 실손 보상과 정액 보상은 어느 정도 이해됐다고 생각하고 본격적으로 3대 진단비를 얘기해보도록 하겠습니다. 실손의료비를 가입하게 되면 암에 걸리든, 뇌 질환으로 수술을 하든 거의 모든 병원비를 보상받을 수 있습니다.

위에 말씀드린 것처럼 자기 부담금 200만 원만 있으면 치료비는 걱정할 필요가 없는 거죠. 근데 우리는 왜 암 진단비 같은 담보에 가입하는 걸까요? 제가 보험은 손해 본 만큼만 보상받으면 된다고 말씀드렸습니다. 이 논리대로라면 암보험은 2백만 원만 가입해도 충분한 거 아닐까요?"

이젠 질문이 익숙하다. 처음엔 부담스러웠는데 일방적으로 설명 듣는 것보다 오히려 더 나은 것 같았다. 전에 설명들을 때는 20분도 지겨워서 얼른 사인하고 말았는데 지금은 한 시간이 넘어가는데도 재미있다.

"그렇네요. 근데 주위에 가입한 사람들을 보면 그렇게 작게 가입하는 게 아니라 몇천만 원씩 가입하던데 왜 그런 거죠?"

"어떤 사람이 암에 걸렸다고 가정해봅시다. 그 사람이 필요한 자금에는 어떤 것이 있을까요?"

"음… 우선 병원비가 필요하겠죠. 또 뭐가 있지?"

"그때 상황을 떠올리시면서 한번 잘 생각해보세요."

"아, 그거군요. 암에 걸리면 일을 못 하겠네요."

"네, 맞습니다. 실손의료비는 단지 병원비를 충당할 뿐입니다. 병원비 못지않게 중요한 것이 생활비입니다. 암 같은 중대한 질병에 걸리면 80% 정도는 실직한다고 합니다. 그나마 나머지 20%는 공무원이거나 자영업자이고 직장인은 거의 100% 실직한다고 보면 됩니다. 이 대충 씨 같은 직장인들은 암에 걸리게 되면 치료하고 회복하는 동안 일을 하지 못하기 때문에 가족들의 생활비가 문제가 됩니다. 그래서 치료를 받고 회복을 하는 동안 생활비를 충당하기 위해서 진단비를 따로 가입하는 겁니다.

진단비 금액은 자신의 1년 연봉 정도 금액으로 설정해서 1년 정도는 돈 걱정 없이 치료에만 전념할 수 있도록 준비해야 합니다. 또한 생활비에 덧붙여서 입원했을 때 배우자나 부모님이 매일 붙어서 간호할 수 있는 상황이 안 될 수도 있기 때문에 간병비도 어느 정도는 준비해야 하구요. 병원에서 처방받는 약 외에 한약이나 건강식품에 들어가는 돈도 무시할 수 없으므로 간병비 하루 8만 원, 건강보조제 한 달에 오십만 원에서 백만 원 정도 고려해서 생활비와 더해 준비해야 합니다.

TV 광고에 보면 요즘 암 치료비가 많이 들어가니 암보험을 더 준비하라는 멘트가 많이 나오는데 엄밀히 따지면 그건 틀린 말입니다. 치료비는 어차피 실비에서 나옵니다. 암보험은 생활비 때문에 가입하는 것이기 때문에 병원비 문제로 더 가입해야 하는 게 아니라 연봉이 높아지면 더 가입을 해야 하는 거죠."

"아, 그렇군요. 그래서 진단비를 몇천만 원씩 가입하는 거군요. 그러면 암에 대한 부분을 많이 하고 다른 부분은 금액을 적게 해도 되지 않을까요?"

"그렇지 않습니다. 암이 다른 질병보다 조금 더 확률이 높은 건 사실이지만 확률이 높다고 해서 진단비가 더 많이 필요한 건 아닙니다. 오히려 암은 검진도 받고 조기에 발견될 확률이 높지만 뇌졸중이나 심근경색 같은 질병은 한 번 진단 받으면 암보다 훨씬 심각한 상황에 처하기 때문에 더 많이 준비해야 할 수도 있습니다."

"그렇군요. 그러면 제 연봉이 2,000~3,000만 원 정도인데 여기에 맞춰서 가입하면 되나요?"

"네, 연봉이 기본이 되는 거구요. 여기에 간병비와 건강보조제에 들어가는 돈을 고려해서 천만 원에서 이천만 원 정도를 추가하시면 큰 문제는 없을 것 같습니다. 이 내용을 토대로 3대 진단비를 설계해보겠습니다."

	납입기간	만기	보장금액	보험료
암	20년	100세	1,000만	9,800원
뇌졸중	20년	100세	1,000만	6,500원
급성심근경색	20년	100세	1,000만	2,000원

	납입기간	만기	보장금액	보험료
암	20년	80세	1,000만	8,000원
뇌졸중	20년	80세	1,000만	5,000원
급성심근경색	20년	80세	1,000만	1,500원

"각 진단비의 보험료가 천만 원당 얼마인지를 설계했습니다. 보장금액을 높인다고 해서 할인되는 건 없기 때문에 저 금액을 단위금액으로 생각하시고 원하는 만큼 곱하기하면 자신이 내야 할 보험료가 결정됩니다."

(만기 설정에 대한 자세한 설명은 5장 242페이지 '진단비 만기설정하기' 참고)

※ 뇌 질환과 심장질환은 담보에 따라 보장 범위가 다른데 여기서는 일반적으로 가입할 수 있는 뇌졸중, 급성심근경색을 기준으로 했습니다.

(뇌 질환, 심장질환 보장 범위에 대한 자세한 설명은 5장 244페이지 '뇌혈관질환, 허혈성심장질환' 참고)

"이대충 씨는 보장기간과 금액을 어떻게 설정하면 될까요?"

"저는 100세 만기로 3,000만 원 정도 가입하면 될 것 같아요."

"그러면 3대 진단비 최종 설계는 이렇게 되겠네요."

원래 설계했던 화면에서 보장 금액을 변경하고 다시 보험료 계산을
누르니 3대 진단비에 대한 최종 보험료가 나왔다.

	납입기간	만기	보장금액	보험료
암 진단비	20년	100세	3,000만	33,000원
뇌졸중	20년	100세	3,000만	19,200원
급성심근경색	20년	100세	3,000만	6,300원

Chapter. 1

✱메인탕법 3. 3대진단비

(EX) 암진단후 1주일 입원 . 수술후 퇴원
총병원비 1,500만원 .
만원도 안되는 실비에서 1,350만 지급.
1억만원만 있으면 병원비 걱정없음
근데 왜 암진단비를 몇백도 아니고
몇 천씩 가입할거냐
진단비 가입 목적이 줄어!!

✱진단비는 병원비와 상관 X
요즘 병원비가 비싸서
암보험 함께 가입해야
한다는 주장은
진단비의 목적을
모르고 하는 소리.

Chapter 2

* 보상규정
(암진단비 (90일동안 보상 X)
뇌질환진단비
심장질환진단비

→ 1년이나 2년 내는 ♥%보상

* 진단비 진짜목적
생활비 (암진단시 80%실직)
간병비
+) 건강 보조제 (안먹는 사람 없음)
1년이나 2년연봉 + α

3대 진단비- 증권분석

3대 진단비는 보기 어렵지 않습니다. 암, 뇌졸중(뇌혈관질환, 뇌출혈), 급성
심근경색(허혈성심장질환) 항목을 찾아서 가입금액이 자신 연봉(+1,000만 원
or 2,000만 원)과 맞는지 확인하시고 부족하면 추가 가입하면 됩니다. 만기에
대해서는 5장 242페이지 '진단비의 만기설정'을 확인하셔서 80세나 100세로
설정하시면 됩니다.

담보	가입금액	납입/만기	보험료
암	20,000,000원	20년/100세	20,160원
뇌졸중	20,000,000원	20년/100세	13,532원
급성심근경색	20,000,000원	20년/100세	4,216원

4교시 세부담보설정과 적립보험료

여기까지 설계해보고 나니 설명만 한 시간이 넘어가고 있었다. 이 분은 날 언제 보내주실지? 하기야 본인도 피곤할 텐데 한 번도 쉬지 않고 이렇게 설명하는 걸 보니 열정이 대단한 것 같다.

"3대 진단비까지 결정하셨으면 이제 보험의 80% 이상은 설계가 진행되었다고 생각하면 됩니다. 담보선택에서 최종적으로 생각하셔야 하는 부분이 골절 진단비나 화상수술비 같은 **세부적인 담보들**입니다. 보험사마다 30~50개 정도가 있는데 중요하긴 하지만 보험료가 저렴하거나 가입하지 않아도 재정적으로 크게 문제가 없을 정도로 중요도가 낮은 담보들입니다."

"그럼 굳이 가입하지 않아도 상관없는 거 아닌가요?"

"그렇지 않습니다. 보험료가 저렴하면서 재정적인 손해도 적은 담보는 가입하지 않으셔도 됩니다. 하지만 발생확률이 거의 없어서 보험료가 굉장히 저렴하더라도 재정적 손해가 큰 담보는 꼭 가입하셔야 합니다. 설계된 부분을 보면서 예를 들어보겠습니다."

정상	상해수술위로금(갱신형)	2010-08-30	2010-08-30	03년만기	전기납	300,000	1,023
정상	상해흉터복원수술비	2010-08-30	2082-08-30	100세만기	20년납	70,000	246
정상	중대한특정상해수술비	2010-08-30	2062-08-30	80세만기	20년납	5,000,000	785
정상	골절(치아파절 제외)	2010-08-30	2082-08-30	100세만기	20년납	200,000	886

정상	골절수술비	2010-08-30	2082-08-30	100세만기	20년납	200,000	160
정상	화상진단비	2010-08-30	2082-08-30	100세만기	20년납	200,000	130
정상	화상수술비	2010-08-30	2082-08-30	100세만기	20년납	500,000	5
정상	중증화상및부식진단비	2010-08-30	2062-08-30	80세만기	20년납	20,000,000	180

"위의 항목 중에서 골절 진단비는 골절 시 20만 원을 주는 담보입니다. 이 담보는 없으면 안 되는 담보일까요?"

"음, 받으면 좋기야 하겠지만 20만 원 없다고 해서 큰 문제가 생기지는 않을 것 같아요."

"네, 맞습니다. 병원에 입원했을 때 옆에 있는 사람은 나오는데 나는 안 나오면 기분은 좀 나쁘겠지만, 그 돈 없다고 해서 이대충 씨 재정에 큰 타격을 주는 건 아니므로 가입하지 않으셔도 큰 문제가 없습니다. 가입금액이 적은 상해수술비, 화상 진단비 등도 동일합니다.

그러면 맨 밑에 있는 중증화상 및 부식 진단비 담보는 어떨까요? 가입해야 할까요, 하지 않아도 될까요?"

"중증화상이라고 쓰여 있으니까 뭔지는 자세히 몰라도 걸릴 확률이 거의 없어 보이는데 그냥 가입하지 않아도 되는 것 아닌가요?"

"이번엔 틀리셨네요. 하하. 저 담보는 가입하시는 게 좋습니다. 가입 여부를 판단하기 힘드시죠? 이것에 대해 쉽게 판단하는 방법을 알려 드릴게요. 걸릴 확률이나 보험료를 보지 마시고 가입금액을 보세요. 그러면 쉽게 결정할 수 있습니다. 중증화상 및 부식 진단비가 가입금 액이 2천만 원으로 되어 있다는 것은 저 항목이 어떤 건지 자세히는 몰라도 골절과는 비교할 수 없을 정도로 큰 사고라는 거죠. 다만 확률이 적기 때문에 보험료가 저렴한 것뿐 3대 진단비와 다를 것이 없습니다."

"그러면 저 담보는 꼭 가입해야겠네요."

"네, 그렇죠. 그래서 이론적으로는 가입금액이 높은 담보는 가입, 가입금액이 낮은 담보는 미가입이 정답입니다. 하지만 이렇게 구분해 봤자 보험료 차이가 몇천 원에 불과하므로 전부 다 가입하는 것이 보통입니다."

"저도 그럼 세부담보는 다 가입할게요."

"그럼 지금까지 설계한 내용을 모두 종합해보겠습니다."

	납입기간	만기	보장금액	보험료
사망보험금	20년	60세	1억	31,000원
암 진단비	20년	100세	3,000만	33,000원
뇌졸중	20년	100세	3,000만	19,200원
급성심근경색	20년	100세	3,000만	6,300원
실손의료비	전기납	100세	5,000만	8,300원
세부담보	20년납	100세		약 10,000원
합계	107,800원			

"이 정도의 금액이 나오게 됩니다. 보험료는 어떠세요?"

"이 정도면 제가 기존에 가입한 보험과 비슷하네요."

"네. 그런데 설계를 마치기 전에 마지막으로 생각해야 할 부분이 몇 가지 있습니다."

"뭔가요?"

"우선 입원했을 때 실비와는 별도로 하루 당 1~3만 원 정도 보험금 이 나오는 **입원 일당** 담보가 있습니다. 어떻게 생각하시나요?"

"아까 세부담보에서 설명해주셨던 것처럼 보장금액이 적으니까 가입하지 않아도 되는 거 아닐까요?"

"네, 정확히 이해하셨네요. 더군다나 골절진단비처럼 저렴하지도 않습니다. 그런데 희한하게도 많은 분이 이 담보에 이상하게 집착합니다. 보장금액과 보험료를 한 번 살펴보면 더 확실하게 이해가 되실 겁니다."

	납입기간	만기	보장금액	보험료
상해입원일당	20년	100세	3만	8,100원
질병입원일당	20년	100세	3만	12,900원

"상해, 질병 모두 합친 금액은 21,000원이고 20년간 납부하면 총 5,040,000원입니다.

하루 입원 시 3만 원을 받는 담보이기 때문에 100세까지 총 168일을 입원해야 낸 보험료만큼 돌려받습니다. 168일을 보장받는 자체도 힘들지만, 그것보다 21,000원이면 암을 2천만 원은 더 보장받을 수 있는 금액입니다(입원 일당 3만 원 = 암 진단비 2천만 원).

그리고 3만 원의 경우 지금도 소액이지만 10~20년이 지나면 더 가치가 작아져 가입하는 의미가 거의 없다고 할 수 있습니다. 만약 꼭 가입하고 싶다면 10년 이내 삭제한다는 생각을 하고 갱신형으로 가입하시면 좀 더 좋습니다. 아무튼, 입원 일당을 가입할 필요가 없다고 생각하신 건 정말 현명한 선택입니다."

★ 한번 생각해 볼 문제.
　★ 입원특약에 대한이야기. 많은 사람들이 집착하는데...
30세남. 20년납 100세만기. 1일 3만원 가입시.
월납입 보험료 약 21,000원.
21,000원 X 240회 = 5,040,000원.
하루 3만원 그거 못받는다고 자산이 무너지지 않음.
입원특약 3만원 = 암진단비 2천만 (보험료 동일)
제발 입원특약에 목매지 맙시다!!

"마지막으로 한 가지만 더 하겠습니다."

업무를 끝내고 저녁에 만나는 거라 그런지 체력이 급격히 떨어지고
있었다. 이 분은 지치지도 않나 보다. 시간은 9시를 향해 가고 있었다.

"아직도 남았나요?"

"이제 정말 마지막 입니다"

"네, 설명해주세요."

"혹시 적립보험료에 대해서 들어보신 적 있으신가요?"

"아니요. 처음 들어봅니다."

"적립보험료는 쉽게 얘기해서 보험 안에 들어 있는 적금입니다."

"적금이요? 보험을 드는데 왜 적금을 가입하나요? 무조건 해야 하는 건가요?"

"갱신형 담보가 없으면 거의 내지 않지만, 만약 갱신형 담보가 있다면 적립보험료를 넣어야 합니다."

그냥 적금도 돈 없어서 잘 못하고 있는데 보험에도 적금이라니….

"그럼 그 적립금은 어디다 쓰는 건가요?"

"아주 중요한 질문이네요. 적립금의 기능은 두 가지가 있는데요. 첫 번째는 갱신형 담보가 나중에 인상될 때 그것을 대신 내주는 기능입니다. 이것을 갱신보험료 대체납입 기능이라고 합니다."

"갱신 때 오른 보험료를 내준다는 거죠? 음… 그게 무슨 의미가 있나요? 오르면 그때 내도 되는 거 아닌가요?"

"네, 오를 때 대신 내도 상관 없습니다. 근데 상품마다 그걸 나중에 내도 된다는 상품이 있고 무조건 미리 내라고 하는 상품도 있기 때문에 그걸 고려해서 가입하셔야 합니다. 고객분 중에는 적립보험료를 내는 게 싫어서 갱신형 담보들을 빼는 경우도 많이 있습니다."

"그렇군요. 그럼 두 번째 기능은 뭔가요?"

"두 번째 기능은 환급금을 만들어주는 기능입니다."

"초반에 말씀하신 만기 환급금 얘기하시는 건가요? 그건 보통 100세에 받으니까 필요 없다고 하지 않으셨나요?"

"이대충 씨, 제 설명을 잘 듣고 계셨네요. 맞습니다. 환급금을 만들기 위한 적립보험료는 큰 의미가 없으므로 환급금을 만들기 위한 적립보험료는 권해드리지 않습니다. 하지만 이대충 씨와 함께 설계한 내용을 보면 세부담보에 상해수술비나 재발암 진단비 같은 갱신형 담보들이 몇 개 있습니다. 그래서 이 담보들을 가입할 때는 대체납입을 고려해서 적립보험료를 만 원 정도 추가로 내두는 것도 나쁘지 않다고 생각하는데요. 이 부분에 대해서 어떠신가요?"

"만원이라… 어차피 내야 하는 돈이라면 크게 상관은 없겠네요. 만원 덜 낸다고 해서 제가 그걸 모으는 것도 아니구요. 그냥 없는 셈 치고 미리 내놓죠, 뭐."

(적립보험료에 대한 차세한 설명은 5장 247페이지 '적립보험료 결정하기'
참고)

"네, 좋은 생각입니다. 없는 셈 치고 낸 그 1만 원이 나중에는 큰 도
움이 될 겁니다. 그러면 진짜로 보험 설계가 끝이 났습니다. 최종 설
계를 한 번 보겠습니다."

	납부기간	만기	보장금액	보험료
사망보험금	20년	60세	1억	31,000원
암 진단비	20년	100세	3,000만	33,000원
뇌졸중	20년	100세	3,000만	19,200원
급성심근경색	20년	100세	3,000만	6,300원
실손의료비	전기납	100세	5,000만	8,300원
세부담보	20년납	100세		약 10,000원
적립보험료	10,000원			
합계	117,800원			

"보장 내용과 금액은 이 정도 나오네요. 어떠신가요? 기존에 가입했
던 보험과는 어떤 차이가 있는 것 같나요?"

"지금 이렇게 설계하고 나서 제 보험을 생각해보니 맘에 안 드는 담보도 많지만, 그걸 떠나서 저처럼 설계서만 보고 보험에 가입한다면 자신에게 맞게 설계해서 가입하는게 불가능하다는 걸 깨달았어요. 김확실 씨도 그렇고 이경제 씨도 왜 자꾸 저한테 어떤 방식으로 보험에 가입했는지를 물어봤는지도 이해가 되구요. 시작이 잘못됐기 때문에 내 보험에 어떤 담보가 들어 있고 어떻게 보장되는지는 그렇게 중요하지 않네요. 보험에 이렇게 가입해야 하는 거면 우리나라 대부분 사람이 다시 설계해야 하는 거 아닌가요?"

"맞습니다. 저도 고객을 만나보면 자기가 원하는 대로, 그리고 자기 상황에 맞게 가입된 분은 거의 없습니다. 다 설계사가 해주는 대로 가입했고 그게 당연하다고 생각하고 있으니까요."

갑자기 부모님 보험은 어떻게 돼 있는지, 동생 보험은 또 어떤지까지 걱정이 됐다. 주말에 집에 가면 가족들 보험증권을 다 꺼내서 한번 살펴봐야 할 것 같다.

"그럼 설명은 여기까지가 끝인가요?"

"네, 제가 알려드리고 싶었던 얘기는 전부 해드렸습니다. 혹시 더 궁금하신 사항 있으신가요?"

"아뇨, 충분합니다. 나중에 또 궁금한 게 생기면 연락드릴게요."

"네. 부담 갖지 마시고 언제든지 연락주세요."

"네. 긴 시간 잘 설명해주셔서 매우 감사합니다."

"감사는요. 이대충 씨가 고생하셨죠. 일 끝나고 나오셔서 거의 두 시간 동안 공부하고 가시는 거잖아요."

"그만큼 가치가 있는 시간이었어요. 다음에는 내 보험도 그렇고 우리 가족 보험도 전부 가져와서 한 번 더 문의드릴게요. 그때는 실제로 우리 가족 보험 한 번 싹 정리해주세요."

"물론입니다. 그럼 오늘 고생하셨습니다. 안녕히 가세요."

장장 두 시간에 걸친 상담 끝에 보험설계를 끝낼 수 있었다. 밖으로 나오니 거리는 한산해져 있었다. 서늘한 바람이 두 시간 동안 고생했던 내 몸을 조금은 풀어주는 것 같았다. 몸은 좀 고단했지만, 재미도 있고 의미도 있는 시간이었다. 처음에 저분을 만났다면 이렇게 고생하지도 않았을 텐데…. 암튼 집으로 가면서 김확실 씨에게 고맙다고 전화 한 통 해야 할 것 같다.

* 적립보험료 (보험안에 들어있는 적금)
기능 ; 갱신보험료 대체납입 아 환급금재원

- 갱신보험료 대체납입
갱신담보 인상시 그동안 모아놨던 적립보험료에서 대신 빠짐
→나쁜 의미있음
- 환급금 재원
대체납입되지 않고 만기까지 이자붙으면서 유지
만기대 (보통 100세) 지급 → 큰 의미없음

세부담보 설정과 적립보험료- 증권분석

마지막 단계입니다. 세부담보는 입원 일당만 확인하고 넘어가겠습니다. 증권에 보면 상해입원일당, 질병입원일당 혹은 입원특약이라고 표시되어 있고 세부내용에 입원 시 1일당 O만 원 지급이라고 쓰여 있는 담보가 있을 겁니다.

● 무입원특약Ⅲ(갱신형)

구분	지급사유	지급금액
입원급여금	피보험자(보험대상자)가 이 특약의 보험기간 중 발생한 질병 또는 재해로 인하여 그 치료를 직접적인 목적으로 하여 4일 이상 계속하여 입원하였을 경우	3일 초과 입원일수 1일당 60,000 원 (입원 1회당 120일 최고한도)

그동안 많이 타 먹었을 수도 있는 담보입니다. 하지만 보험료를 보시면 그렇게 좋은 담보는 아니란 걸 알 수 있습니다. 만약 과하게 잡혀 있다면 그건 삭

제하는 걸 추천해드립니다.

적립보험료도 한 번 확인해보겠습니다. 일단 종신보험이나 생명보험사의 거의 모든 상품은 적립보험료가 표시되어 있지 않습니다. 삭제도 불가능합니다. 적립보험료의 조정은 손해보험사의 통합보험 기준으로 보도록 하겠습니다.

계약자		보험기간	2014년 01월 05일~ 2083년 01월 05일
납입주기	월납	납기 및 만기	20년납/59년만기(100세만기)
1회차 보험료	178,640 원 (보장 51,403+적립 127,237)	계속 보험료	178,640 원
할인 적용 내용	–	갱신 담보 납입	적립대체
예상 총납입보험료	42,873,600 원	예상 만기환급금	42,873,490 원

표를 보면 1회차 보험료에 178,640원(보장 51,403원 + 적립 127,237원)이라고 표기되어 있습니다. 예상 총납입보험료는 42,873,600원이고 예상 만기환급금은 42,873,490원입니다.

적립이 10만 원 이상 들어가 있죠? 만기환급금도 많구요. 이렇게 과다하게 적립보험료가 잡혀있다면 적립보험료를 줄이는 게 좋습니다. 내 보험이 보장도 그렇게 많이 되지 않는데 보험료가 생각보다 비싸다면 환급형일 가능성이 큽니다. 갱신보험료 대체납입을 위한 적립보험료는 1~2만 원 정도면 충분합니다. 그 이상 가입돼 있다면 적립보험료를 줄이시기 바랍니다.

보험
덮어놓고
가입하면
거지꼴을
못면한다

내가스스로디자인하는보험
Diymoney

4장 각양각색

각양(各樣) [명사]: 각기 다른 여러 가지 모양

각색(各色) [명사]: 갖가지 빛깔

종신보험과
정기보험

종신(終身): 마칠 종, 몸 신. 죽을 때까지
정기(定期): 정할 정, 기약할 기. 정한 기간

사실 종신보험이나 정기보험은 특정 상품을 지칭하는 단어가 아닙니다. 위의 한자 뜻에서도 볼 수 있듯이 두 단어는 기간을 뜻하는 단어일 뿐입니다. 어떤 종류의 보험이든 기간이 정해져 있지 않으면 종신보험, 기간이 정해져 있으면 정기보험이라고 생각하면 됩니다. 예를 들어 암종신보험은 암을 종신토록 보장해주는 보험입니다. 우리가 흔히 알고 있는 사망을 종신토록 보장해주는 보험은 실제 **사망종신보험**이라 표기하는 것이 정확한 표현입니다. 하지만 사망담보 외에는 대부분 담보가 정기보험이기 때문에 사망에 대한 부분만 놓고 두 가지를 구분해도 무방합니다.

종신보험과 정기보험에 대한 자세한 내용은 2장에서 설명했기 때문에 여기서는 실제 상품 선택 시 주의해야 할 점만 간단히 언급하고 넘어가겠습니다.

"나의 빈자리를 내 아이가 채울 수 없습니다." "자녀의 꿈을 끝까지 책임지겠습니다."라는 문구를 들어보신 적이 있으십니까? 많은 보험 광고에서 고객의 마음을 움직이기 위해 사용하는 핵심문구입니다. 아무리 보험을 싫어하는 사람이라도 자녀 얘기가 나오면 마음이 움직일 수밖에 없습니다. 사망을 보장해주는 보험은 누가 뭐라 해도 가장 중요한 보험이자 꼭 필요한 보험입니다. 이 광고를 있는 그대로 풀어보면 내 자녀가 독립하기 전까지 사망에 대한 보장이 필요하기 때문에 준비를 하라는 내용입니다. 하지만 이 광고의 큰 오류는 종신보험 광고라는 점입니다. 무슨 말이냐구요?

앞서 2장에서 설명했던 내용을 살펴보면 종신보험과 정기보험을 나누는 가장 큰 요인은 자녀의 독립입니다. 사망보험금을 자녀 독립 전까지, 즉 **조기 사망**에 대비해서 준비하려면 **정기보험**을, **조기 사망과 상속**을 동시에 보장받으려면 **종신보험**에 가입해야 합니다. 사실 종신보험의 목적은 상속의 의미가 더 크다고 할 수 있습니다. 조기 사망에 대비하기 위해 군이 종신보험에 가입할 필요는 없기 때문입니다. 이

원리에 근거해 위에 언급한 광고를 해석한다면 그 광고는 정기보험 광고여야 합니다. 종신보험 광고로는 맞지 않는 게 사실입니다. 제대로된 종신보험 광고를 다시 만들어본다면 이런 내용일 것입니다.

먼저 70세 정도의 할아버지가 등장합니다. 그리고 이어 100세 정도된 할아버지가 등장해 70세 할아버지에게 얘기합니다. "아들아, 너에게 주는 나의 마지막 선물이란다. 필요한 곳에 쓰거라."

어떠신가요? 공감되시나요? 종신보험 광고는 사실 이런 식으로 얘기하는 것이 바람직합니다. 최근에 제가 본 종신보험 광고 문구 중에 "○○○종신보험, 50~60대 분들께 추천드립니다."라는 내용을 본 적이 있습니다. 짧은 문구이지만 저는 이 광고 문구가 종신보험을 매우 잘 표현한 내용이란 생각이 들었습니다.

종신보험이든 정기보험이든 최종선택은 고객이 하게 됩니다. 하지만 고객은 지식이 없기 때문에 매체에서 나오는 내용을 그대로 받아들일 수밖에 없는 것이 현실입니다. 모르고 가입하면 고객만 손해입니다. 잘 분별해서 선택해야 합니다.

아래의 표를 보면서 종신보험 가입 시 고려해야 할 사항을 한 가지만 더 알아보도록 하겠습니다.

주보험 및 특약내용						
주보험 및 특약명	구분	가입금액	보험료	보험기간	납입기간	납입상태
종신보험1종	주보험	100,000,000원	132,000원	종신	20년	정상
無재해사망(본인)	선택부가보험	100,000,000원	16,000원	60년	20년	정상
無재해상해(본인)	선택부가보험	150,000,000원	7,500원	60년	20년	정상
無입원(본인)	선택부가보험	50,000,000원	11,500원	60년	20년	정상
無수술보장(본인)	선택부가보험	20,000,000원	3,800원	60년	20년	정상
無신암진단II(본인)	선택부가보험	20,000,000원	3,800원	60년	20년	정상
無상해치료비보장III(본인)	선택부가보험	10,000,000원	4,300원	60년	20년	정상
無방사선치료비보장(본인)	선택부가보험	20,000,000원	1,600원	60년	20년	정상
無특정질병입원(본인)	선택부가보험	10,000,000원	3,000원	60년	20년	정상
無암치료비III(본인)	선택부가보험	20,000,000원	3,800원	60년	20년	정상
無특정질병진단III(본인)	선택부가보험	30,000,000원	23,700원	60년	20년	정상

종신보험에는 사망보장 외에도 여러 가지 특약과 옵션이 있습니다. 하지만 종신보험의 가장 큰 기능은 상품이름과 보험료에서도 볼 수 있듯이 사망을 종신토록 보장해주는 주계약 담보입니다.

전체보험료 217,600원 중 주계약 보험료가 절반이 넘는 132,000원입니다. 쉽게 말해 사망보험금이 나에게 종신토록 필요하다는 생각이 들면 가입을 고려하는 것이고 그렇지 않다면 고려할 필요가 없다는 이야기입니다. 그런데 많은 분이 종신보험 가입을 생각할 때 주계약에 대한 내용보다는 다른 특약이나 옵션에 집중할 때가 많습니다. 현실적으로 주계약의 기능만으로는 고객의 구미를 당기기에 부족하기 때문에 연금전환이나 납입면제 같은 여러 가지 옵션을 추가해 종신보험을 판매하고 있는 것이 사실입니다. 이것은 어떻게 보면 사은품 때문에 필요하지도 않은 상품을 구매하는 것과 별반 차이가 없습니다. 주계약 외 다른 얘기는 어떤 것도 들을 필요가 없습니다. 중요한 것은 주계약입니다. 명심하시기 바랍니다.

ps. 최근 들어 종신보험을 적금으로 판매하는 사례가 늘어나고 있습니다. 회사에서도 그렇게 판매하라고 교육합니다. 결론부터 말씀드리면 사기입니다. 평생 비과세 계좌 확보, 복리, 최저보증 3.25% 등등의 얘기를 듣고 상품에 가입하신 분들은 본인이 가입한 보험의 상품이름을 당장 확인해보셔야 합니다. 만약 상품이름에 종신이란 단어가 포함돼 있다면 여러분은 당한 겁니다. 해지 환급금이 높은 종신보험에 가입한 것뿐입니다. 좀 더 자세히 알고 싶으신 분은 블로그를 참고해 주시기 바랍니다.

노파심에!!- 짬짜면 같은 종신보험 연금전환

짜장이냐 짬뽕이냐? 오랜 세월 동안 많은 사람을 고민에 빠지게 했던 문제입니다. 다들 이런 고민을 하고 있을 때 누가 시작한 건지 모르지만 획기적인 메뉴가 출시됩니다. 바로 짬짜면입니다.

짜장 반. 짬뽕 반을 한 그릇에 담아 판매하는 것이죠. 저는 처음에 이 메뉴가 있다는 것을 보고 대단하다는 생각을 했습니다. 많은 사람의 고민을 한 번에 해결해준 상품이니까요. 그런데 짬짜면을 시켜 먹어본 다른 분들은 어떻게 느끼셨을지 모르겠지만 저는 생각보다 별로라는 느낌을 받았습니다. 이것도 저것도 아닌 느낌이랄까…?

제가 보험 얘기를 하다가 갑자기 짬짜면 얘기를 꺼낸 이유는 종신보험에 추가되어 있는 연금전환 기능에 대해 설명하기 위해서입니다. 종신보험에 있는 연금전환이란 기능은 위에 설명한 짬짜면처럼 보기엔 좋지만 사실 이것도 저것도 아닌 옵션입니다. 하지만 고객들은 연금전환 기능에 대한 내용을 정확하게 알지 못하기 때문에 한가지 상품으로 사망대비 + 노후대비를 모두 할 수 있겠다는 생각을 가지고 많이들 가입합니다.

그럼 실제로 종신보험의 연금전환 옵션이 어떤 내용인지 간단하게 알아보겠습니다.

종신보험의 연금전환은 언뜻 보기에 굉장히 좋은 혜택인 듯 보입니다. 최초에는 종신보험에 가입하고 사망에 대해 대비를 합니다. 그리고 시간이 지나 아이들이 다 자란 뒤 사망보험금이 필요하지 않다고 생각이 되는 시기에 연금전환을 신청하면 사망을 대비하는 종신보험이 매월 연금을 지급하는 연금보험으로 변경됩니다.

사망보험금이 필요한 시기에는 사망을 보장해주고 사망보험금이 필요 없는 시기까지 생존을 할 경우는 연금으로 전환해서 나중에 연금을 탈 수 있도록 해주니 얼마나 좋습니까? 이렇게만 들으면 제가 고객이라도 혹할 것 같습니다. 하지만 앞에서도 말했듯이 종신보험의 연금전환 기능은 사실 아무것도 아닌 기능입니다.

종신보험에는 사망을 종신토록 보장해주는 주계약 담보가 있습니다. 보통은 종신보험에 가입할 때 주계약과 특약에 함께 가입하지만 특약은 연금전환과 아무 상관이 없으므로 여기서는 주계약만 가지고 얘기하도록 하겠습니다.

최초에 종신보험에 가입하고 계약이 유지되는 동안은 주계약, 즉 사망에 대한 보장을 받을 수 있습니다. 그러다 시간이 흘러 자녀들이 독립하고 사망보험금이 필요 없다고 판단하면 고객은 종신보험을 연금으로 전환합니다. 그럼 이때 내가 가지고 있던 계약은 어떻게 변경될까요? 연금으로 전환하는 순간 주계약은 해지됩니다. 즉, 처음에 가입했던 사망보험금이 사라지는 겁니다. 주계약이 해지가 됐으니 해지환급금이 발생하겠죠? 이 해지환급금을 한 번에 주지 않고 나눠주는 것이 바로 그 유명한 연금전환입니다. 한 마디로 일시지급을 월 지급으로 바꿔준다는 거죠. 해지환급금이다 보니 연금으로 사용할 만큼 돈이 충분하지도 않습니다. 그것만 가지고 노후를 보내기에는 터무니없이 부족한 금액입니다.

만약 설계사가 고객에게, '보험에 가입하고 있다가 필요 없으면 나중에 해지를 하고 그 해지환급금을 가지고 연금으로 써라. 한 번에 그 돈을 받으면 다 쓸 수도 있으니 보험회사에서 가지고 있다가 매달 얼마씩 나눠줄게'라고 설명을 한다면 누가 가입을 할까요? 이것이 연금전환기능입니다.

짬짜면 같은 종신보험 연금전환. 별거 아닙니다. 혹하지 마세요.

CI보험

종신보험에 대해서 제대로 이해하셨나요? CI보험은 종신보험을 기본으로 CI 기능이 추가된 보험이기 때문에 기본적으로 종신보험에 대한 이해가 선행돼야 제대로 이해할 수 있는 보험입니다. 또한 CI보험은 현재 판매되고 있는 보험 중에 가장 비싼 보험이기 때문에 제대로 알고 가입을 하셔야 손해를 보지 않습니다.

현재 우리나라에서 CI보험이 많은 이슈가 되고 있기 때문에 다른 상품보다는 좀 더 내용이 많습니다. 내용도 더 어렵습니다. 프롤로그에 최대한 쉽게 글을 쓰겠다고 했지만 이 부분만큼은 예외입니다. 할 말도 많고 해야 할 말도 많기 때문에 다른 글보다는 훨씬 깊게 들어갈 겁니다.

글의 맨 처음에 언급한 대로 CI보험은 종신보험이 기본입니다. 종신보험이 나에게 필요 없다면 괜히 시간 들여 어려운 글 읽을 필요 없습니다. 관심이 있는 분들만 집중해서 읽어보시기 바랍니다.

CI보험은 Critical Illness Insurance의 줄임말로 중대한 질병이 걸렸을 경우 사망보험금의 일부를 지급하는 보험입니다. 이 보험은 1983년 남아프리카공화국의 의사인 바너드가 제안해서 만들어진 보험입니다. 그 당시는 종신보험이 주를 이루었습니다. 그러다 보니 중대한 질병이 걸려도 치료하지 못하는 상황이 생기게 됩니다. 바너드는 당시 심장 수술 전문의였는데 일하면서 자기 환자들의 심각한 재정적

문제를 자주 보게 됩니다. 이런 상황에서 바너드는 어차피 받을 사망보험금이니 조금 시기를 앞당겨 받는 시스템을 만든다면 중대한 질병에 걸렸을 경우, 치료에 필요한 병원비와 완치 후의 생활비로 쓸 수 있겠다는 생각을 하게 됩니다. 그리고 그 제안은 CI보험으로 현실화됩니다. 한 가지 상품으로 치료비와 사망보험금을 함께 보장받을 수 있는, 당시로는 획기적인 상품이 출시된 것입니다. 종신보험은 사망했을 경우에만 보험금을 수령하는 보험입니다. 하지만 CI보험은 중대한 질병이 걸렸을 경우에도 보험금을 지급하기 때문에 일반 종신보험보다는 훨씬 다양하게 활용할 수 있게 된 것입니다.

CI보험은 중대한 질병이 걸렸을 때 사망보험금과 별도로 진단비를 지급하는 것이 아니라 사망보험금에서 미리 당겨주는 구조이기 때문에 어차피 보장받는 전체 금액은 종신보험과 다르지 않습니다. 하지만 보험금 지급 시기가 종신보험과 비교했을 때 좀 더 앞당겨질 수 있기 때문에 보험료는 시간가치를 반영해 종신보험보다 높게 책정됩니다.

상품을 좀 더 자세히 살펴보도록 하겠습니다. 중대한 질병이라 함은 그때 당시 상황으로 볼 때는 쉽게 말해 '죽을병'입니다. CI 보험금의 용도가 치료에 필요한 병원비와 완치 후의 생활비라고 하지만 CI란 것이 말 그대로 중대한 질병이고 그 당시의 의학기술로 미뤄볼 때 상당수가 치료 후 사망했을 거로 생각합니다. 그래서 일부 설계사나 고객들은 CI보험은 죽을병에 걸려야 준다, 혹은 사망선고를 받아야 준다는 식으로 잘못 이해하는 경우도 있습니다. CI보험의 정확한 내용을 몰라 생긴 오해입니다. 중대한 질병이기 때문에 아무래도 사망할 확률이 높은 것은 맞지만, 사망선고와 CI보험은 아무 관계가 없고 현대의학기술이 많이 발전했기 때문에 특히 '중대한 암' 같은 경우는 생존율이 굉장히 높아진 게 사실입니다.

하지만 여기서 한 가지 확실히 짚고 넘어가야 할 점은 CI보험이 암보험으로 대체돼서는 안 된다는 것입니다. 아마 많은 분이 암 진단 시 고액의 보험금을 받을 수 있다는 말에 CI보험에 가입하셨을 것입니다. 중대한 질병에서 '중대한 암'은 약관상 일반 암과 크게 차이가 없기 때문에 일반 암보험과 보장이 비슷합니다. '중대한 뇌졸중'이나 '중대한 심근경색증' 등 '중대한 암' 이외의 중대한 질병은 CI 보험금을 수령하기가 매우 어렵습니다. 그래서 이것 때문에 CI보험에 가입하는 사람은 거의 없습니다. 앞에서 얘기했듯이 CI보험은 고액의 암 진단비 때문에 가입하는 경우가 대부분입니다.

만약 우리가 살고 있는 나라가 남아프리카 공화국이거나 미국이라면 이 CI보험은 상당히 좋은 상품임이 틀림없습니다. 다시 말해 우리가 가입할 수 있는 보험이 종신보험밖에 없다면 꼭 필요하다는 얘기입니다.

CI보험은 생명보험사에서만 판매하고 있습니다. 우리나라에 CI보험이 들어왔을 때 생명보험사에는 실손의료비 담보를 판매할 수가 없었습니다. 생명보험사의 상황과 남아프리카공화국의 보험시장 상황이 비슷했던 거죠. 하지만 만약에 남아프리카 공화국에서 우리나라의 실손의료비 같은 보험에 저렴하게 가입할 수 있었다면 바너드가 CI보험을 제안했을까요? 이런 사실 때문에 우리나라에서는 CI보험이 크게 논란이 되고 있는 것입니다. 실손의료비 보험으로 중대한 질병뿐 아니라 중대하지 않은 질병도 충분히 보장받을 수 있는데 굳이 CI보험을 비싼 돈 주고 가입할 필요가 있느냐는 것이죠.

실비가 있다고 할지라도 암 진단 시 병원비 외에 많은 돈이 필요하고 CI보험의 경우 일반 암보험보다 훨씬 많은 보험금을 지급하기 때문에 CI보험이 필요하다는 말도 그다지 설득력은 없습니다. 대부분 한 회사에서 가입할 수 있는 암 진단비 최대한도는 3천만 원에서 5천만 원 사이입니다. 이에 비해 CI보험은 만약 주계약 1억 원을 가입한다면 암 진단 시 최대 1억 원까지 받을 수 있습니다. 한 사람당 한 상품만 가입해야 한다는 조건이 있다면 충분히 매력적인 상품입니다. 하지만 암보험의 경우 내가 원하면 몇 개든 가입할 수 있기 때문에 높은 암 진단비가 CI보험의 장점이라고 하기엔 무리가 있습니다.

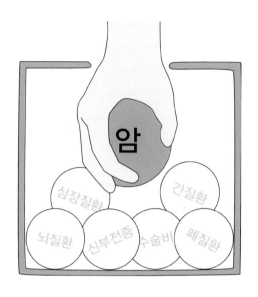

또 한 가지 우리가 잘못 생각하고 있는 부분이 있습니다. 보통 고객들이 CI보험의 가입 여부를 질문할 때, 혹은 CI보험을 리모델링 하느냐 마느냐를 고민할 때, 질문의 상당수는 중대한 질병이 어떤 게 있느냐, 혹은 중대한 질병을 받을 확률이 어느 정도 되느냐, '중대한'이라는 말이 들어가 있기 때문에 받기 어렵지 않느냐 하는 것들입니다. 그러나 **중요한 것은 중대한 질병에 대한 보상기준이 아닙니다.** '중대한'이란 말이 논쟁의 중점에 있으면 안 된다는 말입니다. 만약 CI보험이 중대한 질병이 아닌 일반적인 암, 뇌졸중, 심근경색을 보상해준다면 별다른 문제가 없는 효율적인 보험이 될 수 있을까요? 그렇지 않습니다. CI보험은 '중대한 질병'이라는 단어가 문제가 아닙니다(일부 보험사에서 일반 뇌졸중과 심근경색을 보장해주는 상품도 출시됨).

CI보험은 말 그대로 중대한 질병이 발생했을 경우 보험금을 선지급하는 보험입니다. 하지만 중대한 질병마다 계속 지급하는 것이 아니라 **최초 진단받은 중대한 질병 한 가지만 보장을 해주고 나머지는 사망했을 때 지급합니다.** 메인 담보 선택하기에서 말한 메인 담보 5가지 중 4가지가 한 담보 안에 들어 있는 것입니다. 그렇다 보니 CI보험에 가입한다 해도 사망보험금이나 암 진단비, 뇌 질환 진단비, 심장질환 진단비는 따로 가입해야 합니다.

CI보험이 보장범위가 넓다고 해서 그것만 가지고 있다가는 큰 낭패를 보게 됩니다. 만약 암으로 진단받고 그 후에 다시 중대한 뇌졸중 진단을 받는다면 한 번 CI 보험금을 받았기 때문에 중대한 뇌졸중에 대해서는 전혀 보장을 받지 못하게 됩니다. CI 보험금 수령 후 나중에 사망하게 되면 처음 가입한 사망보험금의 50% 혹은 20%만 받을 수 있기 때문에 사망에 대비한 계획도 전부 틀어질 수밖에 없습니다.

이런 상품의 특징 때문에 CI보험에 가입할 때는 사망보험금이나 3대 진단비 특약을 추가로 가입해야 합니다. CI보험 안에 있는 진단비 특약들은 보장범위가 그렇게 넓지 않기 때문에 추가로 다른 상품에 가입해야 할 수도 있습니다. CI보험 하나로도 보험료가 부담스러운데 제대로 된 보장을 위해 추가로 가입해야 한다면 보험료 부담은 더욱 커질 수밖에 없고 그 부담은 고스란히 고객에게 가게 됩니다.

이 책에서 여러 번 얘기하지만 상품 자체만 놓고는 좋은 상품, 나쁜 상품을 판단할 수 없습니다. 고객의 상황이나 환경이라는 잣대를 놓고 분석해야 좋은지 나쁜지(좀 더 명확히 말하자면 '나'에게 맞는지, 맞지 않는지)를 판단할 수 있습니다. 다른 보험의 경우에는 '나'의 상황에 맞는지 맞지 않는지를 보는 것이 맞습니다. 하지만 CI보험의 경우에는 그 기준이 '나'라기보다는 '우리나라'가 되는 것이 적합합니다. '자신'에게 적합한지 부적합한지가 아니라 '우리나라 보험시장'에 적합한지 부적합한지가 분석돼야 한다는 말입니다.

앞에서도 보았듯이 CI보험이 만들어진 나라는 지금 우리나라 보험시장과는 전혀 다른 환경입니다. 그 나라 보험시장에 맞춰 만들어진 상품을 우리나라에 동일하게 적용한다는 것은 무리가 있습니다. 그렇다 보니 다른 상품들보다는 상품에 대한 부정적인 얘기가 많이 나올 수밖에 없는 것이 사실입니다.

이런 내용에도 불구하고 아직 CI보험이 많이 판매되고 있습니다. CI보험에 대해 긍정적으로 바라보고 있는 사람들도 없지는 않습니다. 하지만 분명한 것은 현재 우리나라 보험시장을 고려했을 때 지금의 CI보험 고객 수만큼 많은 사람이 필요한 보험은 아니라는 것입니다. 실제로 상담을 하면서도 이 보험에 적합한 사람을 찾기란 쉽지 않았습니다.

보험회사에서 출시하는 상품이라고 해서, 그리고 많은 사람이 가입했다고 해서 무조건 필요한 보험, 좋은 보험은 아닙니다. 다른 나라의 환경에 맞춰 출시된 보험을 가지고 와서 억지로 고객에게 껴 맞추는 식의 가입은 문제가 있을 수밖에 없습니다. 보험 중에서도 고액의 보험인 만큼 나에게 적합한지 꼼꼼히 따져보는 것이 중요합니다.

※ CI보험 가입 시 고려사항

1. 종신보험이 나에게 필요한가?
2. 남아프리카공화국의 상황에 맞춰 탄생한 CI보험이 우리나라 보험시장에 적합한가? (실손의료비보험이나 암보험이 있는 우리나라 보험시장에 CI보험이 필요한가?)
3. 고액의 암 진단비를 굳이 CI보험으로 준비해야 하는가?
4. CI보험 하나로 충분히 위험관리가 가능한가?

어린이, 태아보험

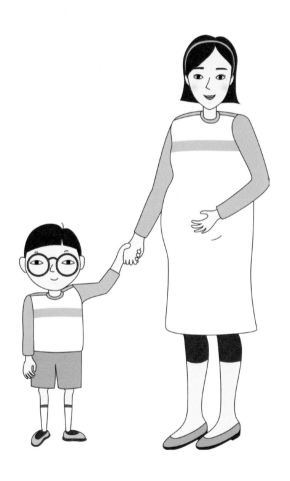

태아보험과 어린이보험은 그렇게 어렵지 않지만 두 보험의 차이에 대해 정확하게 이해를 못 하는 분들이 간혹 있습니다. 두 보험은 사실 같은 상품입니다. 다만 가입 시기에 따라 구분되는 것뿐입니다. 임신 중 가입하면 태아보험, 태어난 후부터 15세 이전까지 가입하면 어린이보험입니다. 태아보험 가입 후 아이가 태어나면 자동으로 그 보험은 어린이보험이 됩니다. 두 보험은 크게 차이 나는 부분이 없기 때문에 태아보험 위주로 설명을 하겠습니다.

요즘은 예전과 다르게 임신을 하게 되면 거의 모든 부모가 태아보험에 가입합니다. 그런데 태아보험, 어린이보험의 종류가 많다 보니 어디서부터 시작을 해야 하는지 알지 못하는 경우가 대부분입니다. 여기서는 태아보험에 가입하는 데 고려해야 할 몇 가지를 알려드리겠습니다.

태아보험은 먼저 성인보험과 동일하게 사망보험금, 3대 진단비, 실비, 입원 일당, 메인 담보를 제외한 50가지 이상의 세부담보를 위주로 큰 틀을 잡고 추가로 치아 관련 담보와 시력 관련 담보, 태아 담보 등을 고려해서 설계하면 됩니다. 이 중 사망담보는 15세 이전에 가입할 수 없기 때문에 제외하겠습니다.

① 실손의료비

실손의료비 담보는 모든 회사의 보장 조건이 동일하기 때문에 특별히 언급할 부분은 없고 그냥 가입만 하면 됩니다.

② 3대 진단비

3대 진단비의 기능은 생활비와 간병비입니다. 아이들은 경제활동을 하지 않기 때문에 생활비에 대한 부분이 필요하지 않다고 생각할 수도 있습니다. 하지만 아이가 큰 질병, 사고가 발생할 경우 대부분은 부모 중 한 명이 일을 하지 못하고 간병을 해야 하는 경우가 많기 때문에 무조건 필요 없다고 할 수는 없습니다. 또한 요즘은 태아보험이라 할지라도 100세까지 보장을 받는 보험으로 가입하기 때문에 어른 보험과 담보 구성을 비슷하게 하는 것이 맞습니다.

간혹 나이가 어릴 때는 발병 확률이 낮아 나중에 좀 더 커서 가입을 하려고 하는 분들도 있습니다. 이 경우 확률적으로 봤을 때 크게 문제가 없다고 할 수 있겠지만, 미래는 예측할 수 없는 부분이고 현재까지 보험시장의 흐름을 보면 시간이 지날수록 보장받을 수 있는 부분은 축소되는 것이 사실이기에, 조금이라도 일찍 가입하는 것이 좋습니다. 또한 혹시 모를 사고나, 질병으로 인해서 차후에 보험 가입에 제한이 될 수도 있기 때문에 진단비뿐만 아니라 보험 전체의 만기도 가능하면 100세 이상으로 설정하는 것이 좋습니다.

③ 입원 일당

보험의 이론적 기능인 손실 부분에 대한 보상만 생각한다면 성인과 마찬가지로 가입할 필요는 없습니다. 다만 10세 이하의 어린아이의 경우 입원할 확률이 어른보다는 높기 때문에 납입할 수 있는 보험료가 조금 여유가 된다면 많이 입원하는 시기에 잠깐 가입했다가 삭제하는 것은 나쁘지 않습니다.

④ 메인담보를 제외한 50가지 세부담보

이 부분은 성인보험과 동일합니다.

⑤ 시력, 치아 관련 담보

이 담보들은 가입을 하든 하지 않든 크게 문제가 되지 않습니다. 보험료가 그렇게 저렴하지는 않기 때문에 개인의 재정상황을 고려해서 여유가 있으면 가입하시면 됩니다.

⑥ 태아담보

선천 이상 수술비나 선천 이상 입원비 같은 담보들입니다. 임신 초기에는 모든 담보가 가입이 가능하기 때문에 되도록 임신을 하고 곧바로 태아보험에 가입하는 것이 좋습니다. 임신 22주가 지나면 이 담보는 가입이 불가능합니다.

이 정도만 참고하시고 나머지 부분은 성인보험과 동일하게 적용해서 생각하시면 됩니다.

간혹 출산일이 얼마 남지 않아 태아 담보를 넣을 수 없게 되면 아이를 낳고 보험에 가입하는 것이 어떤가요? 라고 질문하는 분들이 있습니다. 이런 상황에서는 아이가 태어나기 전에 가입하는 것이 무조건 좋습니다. 임신 상태에서는 내가 가입하고 싶은 담보에 모두 가입할 수 있지만, 아이가 출산과 동시에 혹시 질병이라도 생기면 보험 가입이 제한되고 당연히 보험혜택도 받을 수 없습니다. 그러니 임신 중이라면 22주가 지나더라도 보험에 가입하시는 것이 태어난 후 가입하는 것보다 좋습니다.

간병보험

우리나라의 노령화 지수는 1970년의 7.2%에서 1995년의 24.5%, 2000년 32.9%로 급격하게 증가하고 있고, 2020년에는 77.9%까지 이를 것으로 전망하고 있습니다. 이런 노령화 시대를 대비해서 나온 것이 간병보험입니다. 간병보험은 기존 보험과는 다르게 보험사의 판정에 따라 보험금을 지급하는 것이 아니라 국민건강보험공단의 기준에 따라 보험금이 지급됩니다.

보험료를 살펴보겠습니다.

만 60세 남 1급 기준입니다(회사별로 차이는 있습니다).

	담보명	납입기간	만기	가입금액	보험료
1	기본계약(1~4등급)	20년납	100세 만기	1,000만	29,063원
2	장기요양(1~2등급)	20년납	80세 만기	500만	1,177원
3	장기요양(1등급)	20년납	80세 만기	500만	433원
4	장기요양(1~4등급)	20년납	80세 만기	1,000만	6,592원
5	장기요양간병지원금(1~4등급)	20년납	80세 만기	20만	7,224원

담보는 크게 두 가지로 구성됩니다. 위의 네 가지처럼 등급판정 시 일시로 보험금을 수령하는 담보가 있고, 5번 담보처럼 등급판정 시 매월 일정 금액을 연금처럼 수령하는 담보가 있습니다.

담보의 보장내용은 매우 간단합니다(담보별 중복보상 가능).

기본계약: 요양등급 1~4등급 중 한 가지 등급을 받을 경우 1,000만
　　　　원 지급.
2번 장기요양(1~2등급) 담보: 1급이나 2급 중 한 가지 등급을 받을
　　　　경우 500만 원 지급.
3번 장기요양(1등급) 담보: 1등급 판정을 받을 경우 500만 원 지급.
4번 장기요양(1~4등급) 담보: 기본계약과 동일.
5번 장기요양간병지원금(1~4등급) 담보: 1~4등급 중 한 가지 등급
　　　　을 받을 경우 20만 원씩 60개월 동안 확정지급.

등급판정 기준상 1, 2등급은 판정받기가 매우 힘들기 때문에 3~4
등급에 보험금을 집중시키는 것이 좀 더 합리적입니다.

질병에 걸릴 확률은 점점 더 늘어나지만, 의학이 발전함에 따라 사
망하지 않고 간병 상태가 오래 지속되는 이른바 유병장수의 시대가
왔습니다. 이런 시대에 적절한 보험이 간병보험입니다. 이제 간병보험
은 선택이 아니라 필수입니다. 요양등급 심사 신청 및 자세한 절차 안
내는 아래 전화번호나 홈페이지를 참고 하시기 바랍니다.

전화: 국번 없이 1577 - 1000
인터넷 검색: 국민건강보험공단 노인장기요양보험

보험

덮어놓고

가입하면

거지꼴을

못면한다

내가스로디자인하는보험
Diymoney

5장 고리타분

[명사]: ① 냄새가 신선하지 못하고 역겹게 고리다.
② 하는 짓이나 성미, 분위기 따위가 새롭지 못하고 답답
하다.

환급형은 좋은 보험,
소멸성은 나쁜 보험?

방송에 보면 이런 멘트가 자주 나옵니다.

"우리 회사 보험은 보장은 보장대로 해드리고 만기 시엔 낸 돈도 다 돌려드립니다."

고객이 듣기에 정말 매력적인 이야기입니다. 여러분은 어떤가요? 결론부터 말씀드리면 아무 회사, 어떤 상품을 선택해도 다 있는 제도입니다. 종신보험 같은 경우는 어차피 사망보험금이 나오기 때문에 소멸성, 환급형이 의미가 없습니다. 그 외의 대부분 상품은 소멸성이나 환급형을 선택할 수 있습니다. 그럼 소멸성이 좋을까요? 환급형이 좋을까요?

가입설계서를 보면서 한 번 살펴보겠습니다.

(가입예시조건: 30세 남, 만기 80세, 20년납)

가장 먼저 짚고 넘어가야 할 부분은 만기환급금의 지급시기입니다. 의외로 많은 사람이 만기환급금을 납입이 끝나면 바로 받는 걸로 알고 있습니다. 만기환급금은 말 그대로 만기 때 주는 환급금입니다. 그렇기 때문에 환급금은 납입이 끝나자마자 바로 지급되는 게 아니라 만기 때 지급됩니다. 아래 가입설계서는 만기가 80세이기 때문에 80세 때 환급금이 나옵니다.

요즘 많이 가입하는 통합보험은 대부분 100세 만기입니다. 100세까지 살아있어야 100세 때 계약이 만료되면서 환급형은 돈을 돌려주고 소멸성은 그냥 없어지는 겁니다. 소멸성이라도 만기 이전에 해지하면 해지환급금은 나옵니다. 또, 만약 100세 이전에 사망을 해서 보험이 해지가 되고 사망보험금이 지급된다면 그 보험은 어떻게 보면 소멸성이 아닌 게 되는 거죠.

그림을 보면서 좀 더 자세히 살펴보겠습니다.

아래 그림은 80세 만기의 소멸성 암보험입니다.

보험기간	납입기간	납입주기	수금방법	보험료
80세 만기	20년납	월납	자동이체	47,600원
			합계보험료	47,600원

다음 그림은 80세 만기의 100% 환급형 암보험입니다.

보험기간	납입기간	납입주기	수금방법	보험료
80세 만기	20년납	월납	자동이체	73,200원
			합계보험료	73,200원

보장과 만기, 납입기간은 동일합니다. 합계 보험료가 차이 나고, 환급금이 차이 납니다.

47,600원을 납입하시면 80세 때 계약이 만료되면서 환급금은 0원입니다.

73,200원을 납입하시면 80세 때 계약이 만료되면서 환급금은 17,568,000원입니다.

25,600원만 더 내면 만기 시 17,568,000원을 받을 수 있습니다. 수치상으로 볼 때는 꽤 괜찮습니다. 하지만 사실은 차이가 전혀 없습니다. 눈속임일 뿐입니다. 표에서 보시는 바와 같이 환급형에 가입해도 그 보험료 안에 있는 47,600원은 소멸됩니다.

	합계보험료	소멸보험료	적립보험료	환급금
소멸형	47,600원	47,600원	0원	0원
환급형	73,200원	47,600원	25,600원	25,600원의 원금과 이자

상품구조가 다른 게 아니기 때문에 소멸될 돈은 똑같습니다. 단지 25,600원을 더 내기 때문에 그 돈을 가지고 수익을 내서 돌려드리는 겁니다. 적은 돈이긴 하지만 복리로 장기간 불려서 주기 때문에 25,600원이 전체 납입보험료의 원금인 17,568,000원까지 도달하게 됩니다.

그러면 회사는 얼마의 이자율을 적용하면 25,600원으로 17,568,000원을 만들 수 있을까요?

일단 5%로 계산해보겠습니다.

첫 번째 그림은 25,600원을 20년 동안 불입한 결과입니다. 30세 기준이므로 20년 동안 50세까지 25,600원을 납입하면 10,566,306원이 됩니다.

적금(매월)	
불입액(원)	25,600
연이율(%)	5
기간(년)	20

계산결과		
	단리	복리
만기금액(원)	9,228,800	10,566,306
이자소득세(원)	0	0
실수령액(원)	9,228,800	10,566,306

80세 만기이기 때문에 10,566,306원을 다시 30년간 예치시킵니다. 그러면 결과에서 보는 것처럼 80세 때 45,666,966원을 수령하게 됩니다.

예금(일시금)	
불입액(원)	10,566,306
연이율(%)	5
기간(년)	30

계산결과

	단리	복리
만기금액(원)	26,415,765	45,666,966
이자소득세(원)	0	0
실수령액(원)	26,415,765	45,666,966

똑같은 방식으로 연이율 2.6%를 적용해서 계산해보면 80세 때 수령금액이 17,418,384원이 됩니다. 만기환급금과 어느 정도 비슷하죠? 결국 회사는 고객에게 추가로 받은 25,600원에 연이율 2.6%를 적용해서 돌려주는 것과 같습니다. 물가상승률도 따라가지 못하는 이율입니다. 보통 공시이율을 적용하는 보험회사의 적립형 상품들이 연이율 3% 후반에서 4% 초반대입니다. 사업비를 제외하고 실제 연이율을 따져도 현재 기준으로 3% 정도는 됩니다.(암보험의 보험료와 적립형 상품의 공시이율은 2014년 기준)

만약 4%를 적용하면 80세 때 만기금은 30,555,169원입니다. 변액연금이나 변액유니버셜에 가입할 경우 연 8% 정도만 수익을 내줘도 만기금은 152,745,587원이 됩니다. 산술적인 계산이긴 하지만 17,568,000원이 152,745,587원이 될 수도 있다는 얘기입니다. 지금은 저렴한 보험료를 가지고 계산한 결과이지만 환급을 위해 추가로 내는 보험료가 좀 더 많아진다면 그 차이는 더 커집니다.

만약 4식구 기준으로 모두 환급형 보험에 가입한다면 소멸성으로 가입한 것과 비교해서 추가로 납입하는 보험료가 적게는 10만 원에서 많게는 20만 원, 30만 원까지도 차이가 날 수 있습니다. 사실 2만원, 3만 원으로 따로 무언가에 가입한다는 건 좀 어려울 수도 있습니다. 하지만 그런 돈을 다 모아보면 얘기는 달라집니다. 그 돈을 보험에 넣어두는 것과 적립형 상품에 넣어두는 것의 차이는 어마어마하겠죠. 또 환급형 보험은 그 보험이 만기가 될 때까지 기다려야 환급금을 수령할 수 있습니다. 하지만 그 돈으로 장기적금이나 연금에 가입한다면 80세 혹은 100세까지 기다리지 않고 내가 필요할 때 목적자금 혹은 노후자금으로 사용할 수 있습니다.

"우리 회사 보험은 보장은 보장대로 해드리고 만기 시엔 낸 돈도 다 돌려드립니다."

이제 다시 한 번 이 문구를 보세요. 어떤가요? 여전히 매력적인가요? 보험회사도 이익을 내는 회사이기 때문에 회사가 손해 볼 일을 하지는 않습니다. 말은 그럴듯하지만 실제로는 아무것도 아닌 얘기입니다. 환급형과 소멸성 보험. 납입한 보험료가 아까워서 환급형으로 가입하실건가요? 보험료는 적금이 아닙니다. 내 미래의 위험을 보장해주는 대가로 지불하는 비용입니다.

쓸데없는 광고 문구에 휘둘리지 마시고 스스로 생각을 잘 정립해서 제대로 선택하시기 바랍니다.

02

갱신형 담보와
비갱신형 담보

각각의 담보에는 갱신형과 비갱신형이 있습니다.

요즘은 담보들이 다 갱신형으로만 바뀌는 추세이긴 하지만 갱신형만 있는 상품은 가입하지 않으면 되기 때문에 여러 회사를 선택 가능한 상황에서는 큰 상관이 없습니다.

갱신형은 사실 회사에 매우 유리한 담보입니다. 보험료가 오르기 때문에 회사에 유리하다는 건 엄밀히 따지면 잘못된 상식입니다. 갱신보험료는 오르기도 하고 떨어지기도 합니다. 위험률이 커지면 올라가고 작아지면 내려갑니다. 회사는 손해 보면 손해 본만큼 올리면 되고, 이익이 나면 이익이 난만큼 내리면 됩니다. 그런 변화에 대해 유연하게 대처할 수 있기 때문에 회사가 유리한 겁니다.

고객은 그럼 갱신형이 좋을까요? 비갱신형이 좋을까요? 위의 글을 참고하면 원칙적으로는 올라갈 것 같은 담보는 비갱신형으로, 떨어질 것 같은 담보는 갱신형으로 하면 제일 좋겠죠. 일반적으로 진단비는 비갱신형으로, 사망보험금은 갱신형으로 가입하는 게 좋습니다. 갈수록 각종 질병의 발병률이 높아지기 때문에 진단비는 인상될 확률이 높고, 평균수명이 늘어나면서 정해진 기간 내에 사망할 확률은 줄어들기 때문에 사망보험금은 인하될 확률이 높기 때문입니다.

하지만 모든 담보를 먼 미래까지 예측하기는 어렵기 때문에 일단 보험료에 부담이 없는 이상은 비갱신형으로 다 가입하시는 것이 좋습니다.

암 진단비를 가지고 실제적인 예를 들어보겠습니다.

담보	가입금액	보험료
암진단비 (100세)	2,000만원	20,440원
암진단비 (3년 갱신 100세)	2,000만원	820원

30세 남, 20년납 기준입니다.

차이가 많이 나죠? 그래서 무조건 갱신형이 나쁘다고 할 수는 없는 겁니다.

경과년수	50% 갱신시	30% 갱신시	비갱신형
3	29,520	29,520	735,840
6	44,280	38,376	735,840
9	66,420	49,889	735,840
12	99,630	64,855	735,840
15	49,445	84,312	735,840
18	224,168	109,606	735,840
21	336,251	142,487	735,840
24	504,377	185,234	
27	756,565	240,804	
30	134,848	313,045	
33	702,272	406,958	
36	553,408	529,046	
39	830,112	687,759	
42	5,745,168	894,087	
45	8,617,752	1,162,314	
48	2,926,628	1,511,008	
51	19,389,941	1,964,310	
54	9,084,912	2,553,603	
57	3,627,368	3,319,684	
60	65,441,052	4,315,589	
63	98,161,579	5,610,265	
66	47,242,368	7,293,345	
69	220,363,552	9,481,348	
총 보험료	562,531,616	40,987,443	4,905,600

※ 갱신보험료가 매 3년마다 50%씩 인상될 경우와 30%씩 인상
될 경우를 예로 들어 비갱신 보험료와 비교해 본 표입니다.

위의 표에서 보면 비갱신형은 전체보험료가 4,905,600원입니다.

갱신형은 인상률과 납입기간에 따라 천차만별입니다. 지금은 50%까지만 예시해봤지만, 그 이상 갱신될 수도 있습니다. 그리고 갱신형은 담보를 삭제하기 전까지는 계속 납입해야 합니다. 3년마다 50% 갱신 시 35년 정도, 30% 갱신 시 45년 정도 납입하면 비갱신형 담보와 보험료는 비슷해집니다. 이렇게만 보면 무조건 비갱신형이 좋아 보입니다.

하지만 아까 말씀드린 것처럼 인상률은 어떻게 될지 알 수 없습니다. 예를 들어 암을 예방하는 약이 나와서 암 발병률이 줄어든다면 암 보험료는 자연히 떨어집니다. 그리고 암 진단비는 한 번 받으면 끝입니다.

2010년 기준 평균 암 발병 나이는 54.6세입니다. 그렇게 따진다면 3년마다 50% 인상돼도 갱신형이 훨씬 유리합니다. 이렇듯 갱신형과 비갱신형 중 절대적으로 좋은 것은 없습니다. 여유가 된다면 모두 비갱신형으로 가입하는 것이 좋다고 말씀드렸지만 갱신형을 혼합한다 해서 나쁘다고만 할 수는 없는 것입니다.

무조건 갱신형은 나쁘고 비갱신형은 좋다는 이분법적인 사고에서 벗어나서 납입 여력이나 가족력, 해당 담보의 위험률 등 여러 요소를 살펴보고 자기에게 꼭 맞게 갱신 혹은 비갱신 담보를 설계하기 바랍니다.

생명보험사?
손해보험사?

보험업계는 크게 생명보험사와 손해보험사로 나뉩니다.

삼성생명, 대한생명, ING생명 등등 보험사 이름 뒤에 생명이란 단어가 붙으면 모두 생명보험사입니다. 삼성화재, 동부화재, 현대해상, KB손보 등등 쉽게 설명해서 자동차보험을 취급하는 보험사는 다 손해보험사입니다.

생명보험사는 다 보험사 뒤에 생명이란 단어가 붙지만, 손해보험사는 조금씩 이름이 다르죠? 그 이유는 그 회사가 처음 시작할 때 취급한 보험이 다르기 때문이라고 합니다. 삼성화재는 화재보험, 현대해상은 해상보험으로 시작했기 때문에 뒤에 붙는 이름이 조금씩 다른 거죠.

그럼 세부적으로 살펴보겠습니다.

먼저 생명보험사는 1921년 조선생명이라는 회사에서 시작되어 현재 20개 이상의 회사가 우리나라에서 운영되고 있습니다.

여담이긴 한데 우리나라 최초로 보험회사가 생긴 것이 일제강점기이다 보니 설계사가 대부분 남편을 잃은 과부들이었다고 합니다. 생계유지를 위해 쉽게 일을 할 수 있는 것이 보험업이었고 이른바 구걸영업으로 생계를 유지한 거죠. 실제로도 그렇고 드라마나 영화에도 보면 항상 부정적인 이미지로 출현하는 것도 이런 유래가 영향을 미치는 것 같습니다.

위의 유래는 그냥 정보제공 차원에서 말씀드린 것이고 실제 설계를 할 때는 별 필요 없습니다.

본론으로 들어가서, 생명보험사는 쉽게 설명하면 문자 그대로 생명을 담보로 하는 보험입니다. 대표상품이 종신보험이죠. 사망보험금이 주계약이고 나머지 담보들은 특약에 들어가 있습니다.

상품종류	(무) 종신보험	납입방법	월납	
가입금액	3,000만 원	보험기간/납입기간	종신	20년납

가입상품	가입금액		보험기간	납입기간	보험료
주보험	주보험	3,000만 원	종신	20년	40,500원

30세 남자 기준으로 주계약만 설계한 결과입니다. 생명보험사에 종신보험으로 내 보험을 설계하려면 기본적으로 사망보험금 3천만 원에 대한 보험료 40,500원을 가입해야 한다는 뜻입니다. 사망에 대한 보장이 주된 목적이다 보니 살아가면서 다치거나 아플 때 보장받을 수 있는 담보는 당연히 손해보험사보다는 부족합니다. 보험료도 당연히 비싸구요. 대신 사망에 대한 보장은 손해보험사의 사망담보보다 범위가 넓습니다. 그 차이에 대해서는 5장 04. '사망보험금 설계'에서 더 자세하게 설명하겠습니다.

다음으로 손해보험사는 1922년 조선화재를 시작으로 현재 약 10개의 보험사가 있습니다.

손해보험 역시 쉽게 설명하면 문자 그대로 손해 본 부분에 대해 보장해주는 보험입니다.

손해보험도 당연히 사망보험금 담보가 있지만, 주계약이 상해사망이기 때문에 그 비중이 크지 않습니다. 특약으로 추가가입은 가능합니다.

	담보명	가입금액	보험료
필수	상해후유장해(3~100%, 100세)	3,000만 원	1,410원
필수	상해사망(100세)	3,000만 원	2,460원
필수	상해80%이상후유장해(100세)	3,000만 원	345원

30세 남자 기준으로 설계한 화면입니다. 필수라고 쓰여 있는 담보들이 주계약입니다. 손해보험으로 내 보험을 설계하려고 한다면 기본적으로 상해와 관련된 보험료 4,955원을 가입해야 한다는 뜻입니다. 진단비나 실손의료비의 규모에 따라 조금의 변동은 있지만 일단 주계약은 그렇습니다.

손해보험의 주된 보장은 실손의료비와 진단비입니다. 사망보장이 생명보험사가 더 범위가 넓다면 치료비나 진단비는 손해보험사가 범위가 넓다고 할 수 있습니다.

보시는 것처럼 두 업계의 가장 큰 차이는 주계약입니다. 나중에 '상품을 어떻게 조합하느냐'에 따라 회사 선택의 차이가 있을 수 있지만, 두 보험업계의 보험 상품의 목적은 명확하게 차이가 있습니다. 업계 선택이 내 의도와 다르게 잘못되어 있다면 아무리 좋은 회사, 좋은 상품이라도 한계가 있습니다.

정리하자면 사망담보(사망보험금) 위주의 상품을 원하시면 생명보험사를, 생존담보(실비, 진단비 등) 위주의 상품을 원하시면 손해보험을 선택하시면 크게 무리가 없습니다.

사망보험금
설계

　사망보험금은 생보사와 손보사가 보장해주는 범위가 차이가 있기 때문에 약관을 보면서 그 내용을 짚어보고 넘어가겠습니다.

제13조【보험금을 지급하지 아니하는 보험사고】

회사는 다음 중 어느 한가지의 경우에 의하여 보험금 지급사유가 발생한 때에는 보험금을 드리지 아니하거나, .보험료의 납입을 면제하지 아니합니다.

1. 피보험자(보험대상자)가 고의로 자신을 해친 경우
   다만, 다음 각 목의 경우에는 그러하지 아니합니다.
   가. 피보험자(보험대상자)가 심신상실 등으로 자유로운 의사결정을 할 수 없는 상태에서 자신을 해침으로써 사망에 이르게 된 경우에는 제 11조(보험금의 종류 및 지급사유)의 사망보험금을 지급합니다.
   나. 특약의 보장개시일[부활(효력회복)계약의 경우는 부활(효력회복)청약일]

일]부터 2년이 지난 후에 자살한 경우에는 제11조(보험금의 종류 및 지급사유)의 사망보험금을 지급합니다.
2. 보험 수익자(보험금을 받는 자)가 고의로 피보험자(보험대상자)를 해친 경우
   그러나 그 보험수익자(보험금을 받는자)가 보험금의 일부 보험수익자(보험금을 받는자)인 경우에는 그 보험수익자(보험금을 받는 자)에 해당하는 보험금을 제외한 나머지 보험금을 다른 보험수익자(보험금을 받는 자)에게 지급합니다.
3. 계약자가 고의로 피보험자(보험대상자)를 해친 경우

▲ 생명보험사의 사망보험금을 지급하지 않는 사고

제22조(보험금을 지급하지 아니하는 사유)

1 회사는 다음 중 어느 한가지의 경우에 의하여 보험금 지급사유가 발생한 때에는 보험금을 드리지 아니합니다.
 1. 피보험자(보험대상자)의 고의. 다만, 피보험자(보험대상자)가 심신상실 등으로 자유로운 의사결정을 할 수 없는 상태에서 자신을 해친 경우에는 보험금을 지급하여 드립니다.
 2. 보험수익자(보험금을 받는 자)의 고의. 다만, 그 보험수익자(보험금을 받는 자)가 보험금의 일부를 받는 자인 경우에는 그 보험수익자(보험금을 받는 자)에 해당하는 보험금을 제외한 나머지 보험금을 다른 보험수익자(보험금을 받는 자)에게 지급하여 드립니다.
 3. 계약자의 고의
 4. 피보험자(보험대상자)의 임신, 출산(제왕절개를 포함합니다), 산후기. 그러나 회사가 보장하는 보험금 지급사유로 인한 경우에는 보험금을 지급하여 드립니다.
 5. 전쟁, 외국의 무력행사, 혁명, 내란, 사변, 폭동
2 회사는 다른 약정이 없으면 피보험자(보험대상자)가 직업, 직무 또는 동호

회 활동목적으로 아래에 열거된 행위로 인하여 제20조(보험금의 종류 및 지급사유)의 상해 관련 보험금 지급사유가 발생한 때에는 해당 보험금을 드리지 아니합니다.

1. 전문등반(전문적인 등산용구를 사용하여 암벽 또는 빙벽을 오르내리거나 특수한 기술, 경험, 사전훈련을 필요로 하는 등반을 말합니다), 글라이더 조종, 스카이다이빙, 스쿠버다이빙, 행글라이딩.
2. 모터보트, 자동차 또는 오토바이에 의한 경기, 시범, 흥행(이를 위한 연습을 포함합니다) 또는 시운전(다만, 공용도로상에서 시운전을 하는 동안 보험금 지급사유가 발생한 경우에는 보장하여 드립니다.
3. 선박승무원, 어부, 사공, 그밖에 선박에 탑승하는 것을 직무로 하는 사람이 직무상 선박에 탑승하고 있는 동안

▲ 손해보험사의 사망보험금을 지급하지 않는 사고

차이가 보이시나요? 대부분 보장해주는 내용은 비슷하지만, 손해보험사의 사망담보에서는 생명보험사와 다르게 자살, 출산 시, 전쟁, 혁명, 내란, 폭동, 위험한 취미생활 등으로 사망하게 되면 사망보험금을 지급하지 않습니다. 이 부분을 고려해서 회사를 선택하면 됩니다.

본격적으로, 사망보험금의 목적에 대해 알아보겠습니다.

사망보험금의 목적은 자녀의 독립 전후로 나누어집니다.

자녀가 독립하기 전에는 가족의 생계유지비로, 자녀가 독립한 후에는 상속 및 장례비로 사용됩니다. 요즘 사람들의 성향을 보면 사망보험금은 가입하지 않으려고 합니다. 하지만 제 개인적인 생각은 상

속 및 장례비로의 사망보험금은 선택이지만 자녀 독립 전의 사망보험금은 필수(자녀 독립 전 = 조기 사망)라고 생각합니다. 만약 이 두 가지가 모두 필요하다면 종신보험으로 사망보장을 가입하면 되고, 앞의 생계유지비만 원하신다면 정기보험으로 사망보장을 가입하면 됩니다. 단, 정기보험과 종신보험의 보험료는 상당한 차이가 있습니다.

종신보험은 생명보험사에만 있고, 정기보험은 생명보험사와 손해보험사 둘 다 있기 때문에 종신보험과 생보사의 정기보험, 손보사의 정기보험 이 세 가지를 가지고 비교해보겠습니다(회사마다 약간의 보험료 차이 발생).

기준은 30세 남자, 자녀 독립 시기는 70세로 정했습니다(60세로 해도 무방함).

〈생보사 정기보험 1억 예시(59,000원)〉

상품종류	(무) 정기보험	납입방법	월납	
가입금액	10000만원	보험기간/납입기간	70세 만기	20년납

가입상품	가입금액		보험기간	납입기간	보험료
주보험	주보험	10000만원	70세 만기	20년	59,000원

손보사는 질병사망과 상해사망이 나누어져 있기 때문에 각각 보겠습니다.

〈손보사 1억 예시(47,200원)〉

	담보명	만기	납입기간	가입금액	보험료
선택	상해사망	70세	20년	10,000만원	9,800원
선택	질병사망	70세	20년	10,000만원	37,400원

〈생보사 종신 1억 예시(135,000원)〉

상품종류	(무) 정기보험	납입방법	월납	
가입금액	10000만원	보험기간/납입기간	종신	20년납

가입상품	가입금액		보험기간	납입기간	보험료
주보험	주보험	10000만원	종신	20년	135,000원

　　말씀드린 것처럼 정기보험과 종신보험은 보험료 차이가 크게 납니다. 생보사의 정기보험과 손보사의 정기보험도 만 원 정도는 차이가 나네요. 우리나라 평균 사망보험금 수령액수가 4,000만 원이라고 합니다. 무턱대고 종신보험으로 가입하다 보면 쉽게 1억에 가입하기가 어려운 거죠. 더군다나 지금의 30대는 물가를 고려한다면 1억으로는 터무니없이 부족합니다.

　　30세 기준으로 사망보험금에 대한 보험료만 해도 135,000원이기 때문에 40~50대는 1억 이상 가입하기가 힘든 것이 사실입니다.

　　그런데도 꼭 상속 및 장례비가 필요하다면 좀 더 유리한 방법을 알려드리겠습니다.

※ 미리 말씀드리지만 장기 저축형 상품(장기저축보험 or 변액유니
버셜보험)의 수익률에 대해 비관적(3% 미만)으로 생각하는 분
은 이 플랜이 적합하지 않습니다.

정기보험과 저축형 상품에 함께 가입하는 건데요. 일단 손보사의 정
기보험에 가입하고 종신보험과 손보사 정기보험의 차액인 87,800원을
저축형 상품으로 가입하는 겁니다. 그림으로 설명하겠습니다. 월 적립액
을 9만 원이라고 가정하고 5% 이율 상품에 가입했을 경우 예시입니다.

먼저 9만 원을 20년 동안 납입하면 20년 후, 즉 50세 때 3,715만
원이 됩니다.

적금(매월)	기대수익률(복리)	투자기간	만기금
90,000원	5.0%	20년	37,150,000원

3,715만 원을 70세까지 거치한 결과입니다. 70세에 수령 시 약 1억
원이 됩니다. 종신보험에 가입한 것과 비슷한 효과를 나타냅니다.

예금(일시금)	기대수익률(복리)	투자기간	만기금
37,150,000원	5.0%	20년	98,570,000원

하지만 70세 이후 종신보험과 이 플랜은 큰 차이를 나타냅니다. 종신보험을 100세까지 가지고 가서 100세에 사망한다면 변함없이 1억을 수령하지만 9만 원에 가입한 저축형 상품을 100세까지 유지한다면 수령금액은 4억이 넘어갑니다.

예금(일시금)	기대수익률(복리)	투자기간	만기금
37,150,000원	5.0%	50년	426,010,000원

같은 계산방법으로 변액유니버셜에 가입하고 기대수익률을 8%로 가정한다면 100세에 수령하는 금액은 상상을 초월합니다. 1억이 25억이 될 수도 있다는 얘기입니다.

적금(매월)	기대수익률(복리)	투자기간	만기금
90,000원	8.0%	20년	53,370,000원

예금(일시금)	기대수익률(복리)	투자기간	만기금
53,370,000원	8.0%	50년	2,503,140,000원

종신보험만 단독으로 가입한다면 내가 무조건 죽어야 돈이 나오지만, 위의 방식처럼 정기보험과 저축형 상품을 조합해서 설계한다면 70세든 80세든 내가 필요할 때 언제든지 노후자금으로 쓸 수 있다는

장점도 있습니다(단, 나이가 많으신 분들은 거치기간이 짧기 때문에 이 플랜이 큰 효과를 보지 못할 수도 있습니다).

보험료의 큰 부분을 차지하는 것이 사망보험금입니다.

앞의 예시에서도 보셨듯이 함부로 아무 상품이나 가입하게 되면 나중에는 수십억의 손해를 볼 수도 있는 상황이 벌어집니다. 사망보험금을 설계할 때 가장 중요한 것은 내가 언제까지 사망보험금이 필요한지 생각해보는 겁니다. 자녀가 독립할 때까지만 필요한지, 아니면 내가 죽을 때까지 필요한지 판단해보시고, 만약 자녀 독립 전까지만 필요하다면 정기보험을, 그 이후의 사망보험금도 필요하다면 종신보험 혹은 정기보험 + 저축형 상품을 가입하면 됩니다.

진단비의
만기설정

　100세 시대라는 말이 나오면서 진단비도 거기에 맞춰 100세 혹은 종신토록 보장해주는 상품이 나왔습니다. 여기에 동조하는 사람도 있지만 반대로 굳이 80세 이후 진단비가 필요 없다는 주장을 펼치는 사람도 적지 않습니다.

　반대하는 사람들의 의견은 크게 두 가지인데 첫째는 80세가 넘어가면 자녀도 모두 독립을 했고 어차피 버는 돈도 없기 때문에 생활비 목적으로 가입하는 진단비는 필요 없다는 주장입니다. 즉, 은퇴 이후에는 3대 질병에 걸린다고 하더라도 생활비 문제는 생기지 않으므로 실비만 있으면 된다는 얘기입니다.

　이 주장은 어느 정도 일리가 있습니다. 하지만 이때라고 해서 병원비 외에 돈이 전혀 필요 없는 것은 아닙니다. 지금 30세가 80세가 됐을 때는 지금과는 전혀 다른 느낌의 80세이기 때문에 아무리 몰라도 지금보다는 살아갈 날이 많이 남아 있을 것입니다. 간병비와 건강식품비 정도는 필요하다는 얘기입니다. 특별히 간병보험에 가입하지 않았다면 이 진단비가 나중에는 유용하게 쓰일 수 있습니다.

두 번째 의견은 50년 뒤의 몇천만 원이 그때 가서 큰 의미가 있느냐는 것입니다. 만약 물가상승률을 3%로 가정한다면 50년 뒤의 3천만 원은 현재 화폐가치로 봤을 때 약 700만 원입니다. 처음 가입했던 금액의 1/4 정도 수준입니다. 보장 금액이 너무 적다는 얘기인데 아무리 처음보다 가치가 떨어졌다 하더라도 앞의 간병비, 건강식품비를 준비하기에는 부족하지 않은 금액입니다.

2장 설계를 기준으로 볼 때 약 1,500원을 더 납입하면 100세까지 보장이 가능합니다. 한 달에 1,500원 정도의 보험료를 더 내고 80세 이후의 간병비를 준비할 생각이 있다면 100세 만기를, 간병보험이 있거나 80세 이후의 간병비가 필요 없다고 생각하면 80세 만기를 가입하면 됩니다.

06

뇌혈관질환,

허혈성심장질환

※ 뇌혈관질환

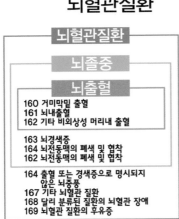

뇌혈관질환

뇌혈관질환

뇌졸중

뇌출혈

160 거미막밑 출혈
161 뇌내출혈
162 기타 비외상성 머리내 출혈

163 뇌경색증
164 뇌전동맥의 폐색 및 협착
162 뇌전동맥의 폐색 및 협착

164 출혈 또는 경색증으로 명시되지
　　않은 뇌중풍
167 기타 뇌혈관 질환
168 달리 분류된 질환의 뇌혈관 장애
169 뇌혈관 질환의 후유증

뇌혈관질환
100%

뇌졸중
77%

뇌출혈
16%

조사기관: 한국보건사회연구원 2007년
　　　　　환자조사
자료: (매 3년마다 조사)
뇌현관지환 환자수: 23,372 명

뇌혈관질환에 포함되는 질병은 크게 I60에서 I69까지 10가지입니다. 이 중 보험사에 가입할 수 있는 뇌혈관질환의 담보는 뇌출혈, 뇌졸중, 뇌혈관질환 3가지입니다.

그림에서 보면 아시겠지만 보장 범위는 뇌출혈 〈 뇌졸중 〈 뇌혈관질환입니다. 즉, 뇌혈관질환을 가입하면 보장 범위가 넓고 뇌출혈을 가입하게 되면 보장 범위는 그만큼 좁아집니다. 이 부분을 잘 보아야 합니다.

보험광고를 보면 '간혹 뇌 질환을 보장합니다'라고 말하면서도 뇌 질환 전체를 보장하지 않는 경우가 있습니다. 속을 들여다보면 뇌출혈을 보장해주는 경우가 많으니 자세하게 살펴봐야 합니다. 일반적으로 생명보험사는 생존담보가 주된 담보가 아니기 때문에 뇌출혈만 보장하고 손해보험사는 대부분 뇌졸중까지 보장합니다.

허혈성심장질환

허혈성심장질환

급성심근경색

121 급성 심근경색증
122 속발성 심근경색증
123 급성 심근경색증에 의한 특정 현재
　　합병증

120 협심증
124 기타 급성 허혈성 심장 질환
125 만성 허혈성 심장병

허혈성심장질환
100%

급성심근경색
19%

조사기관: 한국보건사회연구원 2007년
자료: (매 3년마다 조사)
뇌현관지환 환자수: 12,069 명

　심장질환의 경우 질병 코드는 6가지입니다. 그리고 보험사에서 가입할 수 있는 심장질환 담보는 허혈성 심장질환, 금성심근경색 2가지입니다. 그림에서 보시면 알겠지만 보장 범위는 급성심근경색 〈 허혈성 심장질환입니다. 즉 허혈성 심장질환을 가입하게 되면 심장질환의 모든 부분을 보장받을 수 있게 되고 급성심근경색 담보를 가입하게 되면 심장질환 코드 중 3가지만 보장받을 수 있게 됩니다. 심장질환은 현재는 대부분 급성심근경색만 보장하고 있습니다.

적립보험료

우리가 가입하는 모든 보험의 보험료는 순보험료와 부가보험료로 나눕니다. 순보험료는 위험보험료와 저축보험료로, 부가보험료는 신계약비, 수금비, 유지비로 구성됩니다. 이건 어디까지나 이론적인 분류이고 실제 가입할 때는 보장보험료와 적립보험료만 보입니다. 가입한 보험이 있다면 증권을 보시면 그렇게 나뉘어 있을 겁니다.

보장보험료는 말 그대로 보장받는데 들어가는 금액입니다. 보장보험료만큼만 가입을 하면 순수보장성(소멸성) 보험이 되는 거죠. 그리고 거기에 적립보험료를 좀 더 넣으면 추가하는 금액에 따라 환급형 보험이 되는 겁니다. 근데 회사마다 어느 정도는 환급률을 정해놨기 때문에 보장보험료가 예를 들어 50,000원이라고 해서 딱 50,000원으로 가입할 수는 없습니다(최소 적립보험료는 회사마다 어느 정도의 차이는 있습니다).

5장 01에서 말씀드린 것처럼 환급형 상품을 만들기 위해 적립보험료를 잔뜩 넣어서 상품을 구성하는 것은 돈 버리는 일입니다. 그렇다고 해서 무조건 소멸성으로만 하는 것이 좋은 것일까요? 갱신형 담보 없이 구성한 보험에서는 적립보험료가 크게 필요가 없습니다. 하지만 갱신형 담보가 있다면 얘기는 달라집니다.

갱신보험료는 3년마다 오르거나 내려갑니다. 내려가는 건 상관없지만, 만약 보험료가 올라간다면 인상된 보험료는 추가로 납입해야 합니다. 그걸 납입하는 방법은 상품마다 차이가 있는데 보험료가 올랐을 때 오른 만큼 돈을 더 내는 상품과 미리 낸 적립보험료에서 대체납입하는 상품이 있습니다. 올랐을 때 오른 만큼 보험료를 더 내는 상품의 적립보험료는 환급형 보험을 만드는 데만 사용되기 때문에 갱신형 담보가 없는 상품과 동일하게 적립보험료가 필요 없습니다.

적립보험료에서 고려해야 할 것은 대체납입되는 상품입니다. 왜 적립보험료가 필요한지 표를 보면서 자세히 설명하겠습니다.

최초 가입 시 월납 10만 원(보장보험료 9만, 적립보험료 1만), 매 3년 갱신 시 1만 원 인상 가정, 적립보험료에 대한 이율이 있지만 여기서는 계산을 쉽게 하기 위해 제외하겠습니다.

	월납보험료	보장보험료	적립보험료	3년 누적적립금
최초 가입 시	100,000원	90,000원	10,000원	360,000원
3년 경과 시	100,000원	100,000원	0원	360,000원
6년 경과 시	100,000원	110,000원	0원	0원
9년 경과 시	120,000원	120,000원	0원	0원

최초 가입부터 3년 동안은 보장보험료가 9만 원이기 때문에 적립보험료 1만 원이 그대로 쌓입니다. 3년 동안 36만 원이 쌓이겠죠? 3년후 보장보험료가 1만 원 인상되면 보장보험료는 10만 원이 되고 적립보험료는 0원이 됩니다. 3년부터 6년까지는 누적적립금의 변화가 없습니다. 하지만 6년 이후부터는 변화가 생깁니다.

6년이 지나고 6년 1개월째부터는 보장보험료가 11만 원이기 때문에 누적적립금에서 대체납입이 되기 시작합니다. 보장보험료가 11만 원이지만 누적적립금이 있기 때문에 납입하는 보험료는 그대로 10만 원입니다. 부족한 1만원은 누적적립금에서 대체납입되는 거죠. 그렇게 3년이 지나고 나서 누적적립금이 다 소모되면 9년 1개월째부터는 납입하는 보험료가 12만 원으로 인상되는 겁니다.

만약 최초 가입 시 9만 원으로 가입하면 매 3년마다 보험료가 올라가지만, 예시처럼 처음에 10만 원을 납입하면 9년 동안은 계속 10만원만 납입하면 됩니다. 이율이 그렇게 크지 않기 때문에 그걸 무시한다면 내는 돈은 거기서 거기입니다. 실제로 3년 경과 시 적립보험료의 환급률은 약 103%, 6년 경과 시 107% 정도입니다.

나중에 내야 할 돈을 미리 내는 것뿐이죠. 하지만 1만 원이나 2만 원 정도는 사실 재정에 크게 문제가 되지 않기 때문에 없는 셈 치고 잊고 내는 겁니다. 쉽게 얘기해서 인상될 보험료를 대비한 3년짜리 적금을 하나 가입하는 거죠. 그렇게 되면 그 적금이 나중에 인상되는 보험료를 대신 내주는 역할을 하게 됩니다.

또, 갑자기 사정이 생겨 보험료를 낼 돈이 없거나 깜박 잊고 보험료를 납입하지 못했을 때도 누적적립금이 남아 있다면 누적적립금이 보험료를 대체납입해 주기 때문에 예상치 못 한 실효를 막아주는 기능도 하게 됩니다.

간단하게 정리하고 끝내겠습니다.

일단 적립보험료가 필요한 보험은 대체납입 기능이 있고, 갱신형 담보가 포함되어 있는 보험입니다. 그 외의 상품에는 크게 필요 없습니다. 주된 기능은 갱신보험료 대체납입과 예상치 못한 상황에서의 실효방지입니다. 전체보험료에 영향이 있긴 하지만 적립액은 1만 원 내외면 충분합니다. 이것만 고려해서 적립보험료를 책정한다면 별 무리 없이 전체보험료를 결정할 수 있습니다.

2016년 현재 가입할 수 있는 상품 중에는 대체 납입되는 상품이 거의 없기 때문에 위의 내용은 기존 보험을 분석할 때만 참고하시기 바랍니다.

에필로그

이대충 씨와 함께한 보험학개론(?), 어떠셨나요?

여러분은 이대충 씨인가요 김확실 씨인가요? 아마도 이대충 씨 같은 분이 많을 겁니다. 6년 동안 일을 하면서 이대충 씨 같은 안타까운 사례가 너무 많아 더 이상 제2의 이대충을 만들지 말자는 취지에서 글을 쓰기 시작했습니다. 어려울 수도 있습니다. 하지만 머리를 싸매고 한 번쯤은 공부해볼 만한 가치가 있는 내용입니다.

만약 기존에 가입한 보험이 있다면 내 것만 하지 말고 가족 친구들도 다 같이 불러서 '실제상황' 편을 함께 읽어나가면서 차근차근 보험을 분석해보길 권해드립니다. 카페에 가면 동네 아주머니들이 모여서 보험에 관해 얘기하는 모습을 가끔 보곤 합니다. 그때는 거기에 껴들어서 이런저런 얘기를 해주고 싶기도 합니다. 이제부터는 무작정 이것이 맞네 저것이 맞네, 이 상품이 좋더라 저 상품은 별로더라, 얘기하지 마시고 각자 증권 챙겨 오셔서 중간에 책 한 권 딱 놓고 내 보험, 우리 가족 보험에 대해서 공부 한 번 해보세요. 토론도 해보시구요.

재미도 있고 의미도 있는 시간이 될 겁니다.

만약 새로 가입해야 한다면 무작정 가입하지 마시고 설계사분에게 전화해서 노트북 꼭 좀 챙겨와 달라고 부탁하세요. 그리고 만나서 상담하게 되면 책 보면서 정리한 내용을 설계사분에게 말씀드리고 잘못된 부분이 없는지 점검받고 그 자리에서 함께 설계해보세요. 그렇게 하지 않고 나중에 가서 설계사에게 왜 내 보험을 이렇게 설계했느냐고 따진다면 그건 반칙입니다. 어떤 사건이든지 한쪽이 100% 잘못한 일은 거의 없습니다. 쌍방과실입니다.

프롤로그에도 그렇고 책 전반에 깔려있는 내용도 그렇고 제가 당부하고 싶은 얘기는 어쨌든 관심, 관심입니다. 귀찮고 싫겠지만 그것 때문에 무관심하게 흘려보낸다면 나중에는 그 귀찮음이 고통으로 다가올 수도 있습니다.

덮어놓고 가입하면 거지꼴 못 면합니다. 이왕 같은 돈 내는 거 제대로 가입하면 좋지 않습니까?

손님이 왕이고 고객이 왕입니다. 이제 왕이 나설 때가 됐습니다.
친히 행차하셔서 우리나라 보험업계를 긍정적으로 바꿔주시길 부탁
드립니다.

http://diymoney.blog.me/

책을 읽고 궁금한 사항이 있으면 블로그로 방문하셔서 질문하세요.
자세히 설명해 드리겠습니다.

내가 스스로 디자인하는 보험 DIY MONEY

보험, 덮어 놓고 가입하면 거지꼴을 못 면한다

1쇄 펴낸날 2014년 5월 30일
2쇄 펴낸날 2016년 4월 27일

지은이 이경제, 이경락
펴낸이 주계수 | **편집책임** 윤정현 | **꾸민이** 김은하, 윤정현

펴낸곳 밥북 | **출판등록** 제 2014-000085 호
주소 서울시 마포구 월드컵북로 1길 30 동보빌딩 301호
전화 02-6925-0370 | **팩스** 02-6925-0380
홈페이지 www.bobbook.co.kr | **이메일** bobbook@hanmail.net

© 이경제, 이경락, 2014.
ISBN 979-11-952614-3-7 (03320)

※ 이 도서의 국립중앙도서관 출판시도서목록(CIP)은 e-CIP 홈페이지(http://www.nl.go.kr/cip)에서 이용하실 수 있습니다. (CIP 2014015354)